AF554704

CHRONOLOGIE
MINISTÉRIELLE
DE TROIS SIÈCLES,

OU

LISTE NOMINATIVE

PAR ORDRE CHRONOLOGIQUE

DE TOUS LES MINISTRES

DE LA JUSTICE, DES AFFAIRES ÉTRANGÈRES,
DE LA GUERRE, DE LA MARINE, DES FINANCES, DE L'INTÉRIEUR,
DU COMMERCE, DE LA POLICE GÉNÉRALE, DES CULTES,
ET DE L'INSTRUCTION PUBLIQUE,

DEPUIS LA CRÉATION DE CHAQUE MINISTÈRE,

PRÉCÉDÉE

D'UN TABLEAU DES GOUVERNEMENTS ET DES ASSEMBLÉES LÉGISLATIVES
DEPUIS 1515 JUSQU'EN 1844.

QUATRIÈME ÉDITION.

PAR M. BAJOT,

COMMISSAIRE HONORAIRE DE LA MARINE, CONSERVATEUR GÉNÉRAL INSPECTEUR DES BIBLIOTHÈQUES
DU DÉPARTEMENT DE LA MARINE ET DES COLONIES.

PARIS.
IMPRIMERIE ROYALE.

1844.

NOTE PRÉLIMINAIRE.

La chronologie des rois et des chefs de gouvernement n'est pas plus nécessaire à l'histoire que la chronologie de leurs ministres ne l'est à l'administration. C'est le propre de l'une et de l'autre de porter la lumière dans le passé. Quand on en est privé, on marche au hasard dans la nuit des temps et l'on s'épuise en tâtonnements. A l'aide de ce flambeau, la clarté reparaît sur les points les plus obscurs. La connaissance d'une date fournit la preuve d'un fait, et la certitude d'un nom procure celle d'une date, *et vice versâ.*

Le *tableau chronologique et synoptique des gouvernements, des assemblées législatives et des ministres de la marine en France, depuis 1547 jusqu'en 1835*, que nous avons publié en 1836 dans les *Annales maritimes*, a obtenu l'approbation des autres ministères. Chacun d'eux a reconnu l'utilité d'un semblable document pour son propre service, et nous a ouvert ses archives pour y puiser les renseignements nécessaires à la composition d'une chronologie générale de tous les ministres qui ont existé en France depuis la création de leur emploi.

En 1760, un commis du ministère de la guerre, nommé *Pinard*, publia, en six volumes in-4°, la *Chronologie historique militaire*, qui s'arrête à 1758. Il y a des lacunes et des erreurs que nous avons fait disparaître, d'après les renseignements que M. le maréchal duc de Dalmatie a bien voulu nous faire remettre.

Plus d'un demi-siècle après la chronologie de Pinard, en 1813, parut, en quatre volumes in-12, une nomenclature chronologique ayant pour titre : *La France législative, ministé-*

1.

rielle et administrative, par M. V*** (Viton de Saint-Allais). Nous en avons fait usage, en la rectifiant quelquefois.

Tous les ministères ont varié plus ou moins dans leurs dénominations et dans leurs attributions; mais aucun n'a subi depuis 1790, époque de sa fusion avec celui de la maison du Roi, ou plutôt de sa création, un aussi grand nombre d'organisations, de démembrements et de recompositions que le ministère de l'intérieur. Ici le travail chronologique réclamait une aptitude particulière, pour fixer une multitude de dates incertaines, pour rétablir celles qu'on avait falsifiées, transposées ou totalement supprimées; il fallait rouvrir des sources dont la tradition seule et une longue vie bureaucratique pouvaient révéler l'existence; il fallait surtout, dans cette occupation ingrate et fastidieuse, avoir le zèle et la patience convenables pour former un ensemble méthodique et lucide de tant d'éléments divers. Ce travail[1] a été fait par M. Mourette, alors chef du bureau central du secrétariat de l'intérieur, et d'après les ordres de M. Thiers, ministre de ce département, dont nous avions excité l'attention sur cet objet par la publication, en 1834, d'une liste in-folio des ministres de la marine depuis 1547. Nous devons aussi à M. Hoguer, chef de divison au même ministère, beaucoup de rectifications importantes pour l'ensemble de notre chronologie.

[1] *La chronologie du ministère de l'intérieur* et des ministères créés avec une partie de ses attributions, dans laquelle nous avons puisé comme on a puisé dans la nôtre, se compose, 1° de la nomenclature des ministres; 2° de celles des administrateurs, directeurs et secrétaires généraux, des administrations et directions générales comprises dans le ministère de l'intérieur, telles que ponts et chaussées, mines, archives du royaume, etc.; 3° du sommaire des ordonnances de nominations et d'organisations; 4° de l'indication des recueils qui en renferment le texte; 5° enfin de tableaux synoptiques des actes, des noms et des attributions. Nous nous félicitons d'avoir suggéré l'idée d'un pareil travail, qui a été imprimé à l'Imprimerie royale en 1835, format in-8°.

Nous avons en dernier lieu emprunté à l'annuaire de la société de l'histoire de France, dans lequel on a reproduit entièrement notre chronologie ministérielle, l'état des personnages qui ont gouverné la France depuis 1792 jusqu'en 1804, c'est-à-dire une liste des présidents de la Convention nationale, des membres du Comité de salut public, du Directoire, des consuls provisoires et des consuls définitifs. Nous avons encore suivi l'exemple de l'annuaire en fondant quelques-unes de ses notes dans les nôtres.

Indépendamment des ouvrages spéciaux, nous avons compulsé et comparé les matricules anciennes et nouvelles, les états de services, les annuaires ministériels, les almanachs royaux, les édits de création, les arrêts, décrets, ordonnances, etc.

Enfin, l'année dernière, sur notre demande, tous les départements ministériels se sont empressés, dans un but d'intérêt général, de concourir de nouveau à rendre cette quatrième édition de notre chronologie plus exacte et plus complète que les précédentes.

TABLEAU CHRONOLOG

Des Gouvernements et des Assemblées législatives de France,

GOUVERNEMENTS.
RÈGNE DE FRANÇOIS Ier. Du 1er janvier 1515 au 31 mars 1547. RÈGNE DE HENRI II. Du 31 mars 1547 au 10 juillet 1559. RÈGNE DE FRANÇOIS II. Du 10 juillet 1559 au 5 décembre 1560. RÈGNE DE CHARLES IX. Du 5 décembre 1560 au 30 mai 1574. RÈGNE DE HENRI III. Du 30 mai 1574 au 1er août 1589. RÈGNE DE HENRI IV. Du 1er août 1589 au 14 mai 1610. RÈGNE DE LOUIS XIII. Du 14 mai 1610 au 14 mai 1643. RÈGNE DE LOUIS XIV. Du 14 mai 1643 au 1er septembre 1715.

QUE ET SYNOPTIQUE

depuis l'année 1515 jusqu'à l'année 1844.

ASSEMBLÉES LÉGISLATIVES.

Assemblée des notables tenue à Paris, 5 janvier 1558.

États généraux à Orléans, convoqués pour le 19 novembre 1560 ; interrompus par la mort de François II, arrivée le 5 décembre suivant.

États généraux à Orléans, du 13 décembre 1560 au 31 janvier 1561.

Assemblée des notables à Pontoise et à Saint-Germain. .... 1561.

États généraux à Moulins .... 1566.

États généraux .... { à Blois, 6 décembre 1576.
à Blois, 10 octobre 1588.

Assemblée des notables à Rouen, 4 novembre 1596.

États généraux tenus à Paris, du 21 octobre 1614 au 23 février 1615.

États généraux convoqués à Tours, pour le 1er octobre 1651. (N'ont pas eu lieu.)

GOUVERNEMENTS.

RÈGNE DE LOUIS XV.

Du 1er septembre 1715 au 11 mai 1774.

RÈGNE DE LOUIS XVI.

Du 11 mai 1774 au 19 septembre 1792.

CONVENTION NATIONALE[1].

Du 21 septembre 1792 au 25 octobre 1795 (3 brumaire an IV).

DIRECTOIRE.

Du 26 oct. 1795 au 10 nov. 1799 (du 4 br. an IV au 19 br. an VIII).

CONSULAT (BONAPARTE, Ier CONSUL).

Du 11 nov. 1799 au 17 mai 1804 (du 20 br. an VIII au 27 flor. an XII).

[1] Voir, à la fin de cette chronologie, les noms et la durée des fonctions des présidents de la Convention nationale, des membres du Comité du salut public, du Directoire et du Consulat qui ont exercé le pouvoir exécutif depuis le 21 septembre 1792 jusqu'au 18 mai 1804.

ASSEMBLÉES LÉGISLATIVES.

1re Assemblée des notables.....	du 22 février 1787 au 25 mai 1787.
2e Assemblée des notables.....	du 6 novembre 1788 au 12 décembre 1788.
États généraux..............	du 5 mai 1789 au 23 juin 1789.
Assemblée nationale constituante.	du 17 juin 1789 au 30 septembre 1791.
Assemblée nationale législative.. (1re Législature.)	du 1er octobre 1791 au 20 septembre 1792.
Convention nationale..........	du 21 septembre 1792 au 25 octobre 1795 (3 brumaire an IV).
2e Législature...............	du 29 oct. 1795 au 19 mai 1797 (du 7 brum. an IV au 30 flor. an V).
3e Législature...............	du 20 mai 1797 au 10 mai 1798 (du 1er prair. an V au 30 flor. an VI).
4e Législature...............	du 20 mai 1798 au 19 mai 1799 (du 1er prair. an VI au 30 flor. an VII).
5e Législature...............	du 20 mai 1799 au 10 nov. 1799 (du 1er prair. an VII au 19 br. an VIII).
Commissions législatives.......	du 12 nov. 1799 au 26 déc. 1799 (du 21 br. an VIII au 5 niv. an VIII).
6e Législature...............	du 1er janv. 1800 au 31 mars 1800 (du 11 niv. an VIII au 10 germ. an VIII).
7e Législature...............	du 8 nov. 1800 au 20 avr. 1801 (du 17 br. an IX au 30 germ. an IX).
8e Législature. 1re Session....	du 22 nov. 1801 au 20 mars 1802 (du 1er frim. an X au 29 vent. an X).
8e Législature. 2e Session....	du 5 avril 1802 au 20 mai 1802 (du 15 germ. an X au 30 flor. an X).
9e Législature...............	du 20 févr. 1803 au 28 mai 1803 (du 1er vend. an XI au 8 prair. an XI).
10e Législature..............	du 6 janv. 1804 au 24 mars 1804 (du 15 niv. an XII au 5 germ. an XII).

GOUVERNEMENTS.

EMPIRE (NAPOLÉON).

Du 18 mai 1804 (28 floréal an XII) au 30 mars 1814.

(Le calendrier républicain cesse au 11 nivôse an XIV, 1er janvier 1806.)

GOUVERNEMENT PROVISOIRE.

Du 1er au 13 avril 1814.

CHARLES-PHILIPPE DE FRANCE, MONSIEUR, FRÈRE DU ROI, LIEUTENANT GÉNÉRAL DU ROYAUME.

Du 14 avril au 1er mai 1814.

RÈGNE DE LOUIS XVIII.

Du 2 mai 1814 au 19 mars 1815.

EMPIRE (NAPOLÉON).

Du 20 mars 1815 au 22 juin 1815.

GOUVERNEMENT PROVISOIRE.

Du 23 juin au 8 juillet 1815.

RÈGNE DE LOUIS XVIII.

Du 8 juillet 1815 au 16 septembre 1824.

ASSEMBLÉES LÉGISLATIVES.

1e Législature	du 27 déc. 1804 au 16 mars 1805 (du 6 niv. an XIII au 15 vent. an XIII).
2e Législature	du 2 mars 1806 au 12 mai 1806 (du 11 vent. an XIV au 22 flor. an XIV).
3e Législature	du 10 août 1807 au 18 septembre 1807.
4e Législature	du 25 octobre 1808 au 31 décembre 1808.
5e Législature	du 3 décembre 1809 au 22 janvier 1810.
6e Législature	du 1er février 1810 au 21 avril 1810.
7e Législature	du 16 juin 1811 au 25 juillet 1811.
8e Législature, 1re Session	du 14 février 1813 au 25 mars 1813.
8e Législature, 2e Session	du 30 avril 1814 au 31 mai 1814.

CHAMBRE DES DÉPUTÉS.

Session de 1814	ouverte le 1er juin 1814 ; ajournée le 30 décembre 1814. reprise le 11 mars 1815 ; close le 19 mars 1815.
Session des 100 jours	du 7 juin 1815 au 7 juillet 1815.
Session de 1815	du 7 octobre 1815 au 28 avril 1816.
— de 1816	du 4 novembre 1816 au 26 mars 1817.
— de 1817	du 5 novembre 1817 au 10 mai 1818.
— de 1818	du 10 décembre 1818 au 17 juillet 1819.
— de 1819	du 29 novembre 1819 au 22 juillet 1820.
— de 1820	du 19 décembre 1820 au 31 juillet 1821.
— de 1821	du 5 novembre 1821 au 1er mai 1822.
— de 1822	du 4 juin 1822 au 17 août 1822.
— de 1823	du 28 janvier 1823 au 9 mai 1823.
— de 1824	du 23 mars 1824 au 4 août 1824.

GOUVERNEMENTS.

RÈGNE DE CHARLES X.

Du 16 septembre 1824 au 25 juillet 1830.

GOUVERNEMENT DICTATORIAL.

Du 27 au 31 juillet 1830.

LOUIS-PHILIPPE D'ORLÉANS, DUC D'ORLÉANS,

LIEUTENANT GÉNÉRAL DU ROYAUME.

Du 31 juillet au 8 août 1830.

RÈGNE DE LOUIS-PHILIPPE Ier.

Du 9 août 1830.

ASSEMBLÉES LÉGISLATIVES.

[S]ession de 1825	du 22 décembre 1824 au 13 juin 1825.
—— de 1826	du 31 janvier 1826 au 6 juillet 1826.
—— de 1827	du 21 décembre 1826 au 12 juin 1827.
—— de 1828	du 5 février 1828 au 12 août 1828.
—— de 1829	du 25 janvier 1829 au 30 juillet 1829.
—— de 1830	ouverte le 2 mars 1830 ; prorogée au 1er septembre suivant. dissoute le 16 mai 1830. convoquée pour le 3 août 1830. ouverte le 3 août 1830 ; prorogée le 21 avril 1831. dissoute le 31 mai 1831.
Session de 1831	du 23 juillet 1831 au 21 avril 1832.
—— de 1832	du 9 novembre 1832 au 25 avril 1833.
—— de 1833	du 26 avril 1833 au 26 juin 1833.
—— de 1834	du 22 décembre 1833 ; dissoute le 25 mai 1834.
—— de 1835	ouverte le 31 juillet 1834 ; prorogée le 16 août au 29 décembre suivant ; convoquée le 10 novembre pour le 1er décembre 1834 ; close le 11 septembre 1835.
—— de 1836	du 29 décembre 1835 au 12 juillet 1836.
—— de 1837	du 27 décembre 1836 au 15 juillet 1837 ; dissoute le 3 octobre 1837 ; convoquée pour le 18 décembre suivant.
—— de 1838	du 18 décembre 1837 au 12 juillet 1838.
—— de 1839	ouverte le 17 décembre 1838 ; prorogée le 31 janvier 1839 au 5 février suivant ; dissoute le 2 février ; ouverte le 4 avril 1839 ; close le 6 août 1839.
—— de 1840	du 23 décembre 1839 au 15 juillet 1840.
—— de 1841	convoquée pour le 28 octobre 1840 ; prorogée au 5 novembre suivant ; ouverte ledit jour ; close le 25 juin 1841.
—— de 1842	convoquée le 27 décembre 1841 ; close le 12 juin 1842.
—— de 1843	convoquée pour le 3 août 1842 ; d'après une convocation extraordinaire, se réunit le 26 juillet 1842 jusqu'au 30 août même année ; prorogée au 9 janvier 1843 ; close le 24 juillet 1843.
—— de 1844	ouverte le 27 décembre 1843 ;

MINISTÈRE DE LA JUSTICE.

Les fonctionnaires maintenant nommés MINISTRES ont aussi le titre de *secrétaires d'État*; autrefois ils avaient également celui de *clercs du secret* : leur nombre a souvent varié.

Par ordonnance de Philippe-le-Bel, en 1309, il y avait trois clercs du secret; en 1343, ils étaient au nombre de sept : ils avaient le titre de secrétaires des finances et faisaient partie du corps des notaires du Roi. Par ordonnance de Charles V, du 27 janvier 1359, ils sont reconnus au nombre de dix-huit, mais l'ordonnance déclare qu'il n'en sera plus nommé qu'ils ne soient réduits au nombre de six; cependant, en 1362, trois secrétaires seulement avaient le droit de signer, et en 1373 ce droit fut donné à cinq.

Henri II, en 1539, réduisit le nombre à quatre et leur donna le titre de *conseillers secrétaires de ses commandements et finances*; enfin, en 1559, lors du traité de Cateau-Cambresis, M. de Laubespine, l'un de ses secrétaires, fut, dans le traité, qualifié de *secrétaire d'État* (DE WAROQUIER, *État de la France*, tom. II, p. 421); le 1er avril 1794, des commissaires furent créés pour remplacer les ministres, et nous en donnons la liste à la fin de cette chronologie. Sous le directoire, en 1795, les ministères furent rétablis, et à la Restauration, en 1814, ils reçurent le titre de *ministres secrétaires d'État*.

Le chancelier a toujours été placé à la tête des ministères. Le premier des secrétaires d'État était celui du ministère des affaires étrangères, puis celui de la marine; celui de la maison du Roi était le troisième. Aujourd'hui cet ordre est différent.

Le chef suprême de la justice portait, sous la première race de nos rois, le titre de *grand référendaire*, et sous la deuxième et la troisième, celui d'*apocrisiaire*, *souverain chancelier*, *archi-chancelier*, *grand chancelier*, *archinotaire*, enfin *chancelier*.

Une loi de 1791 lui donne le titre de *ministre de la justice*.

Une loi du 1er avril 1794 ayant supprimé tous les ministères, et les ayant remplacés par des commissions, il y eut alors, au lieu de ministre de la justice, des commissaires des administrations civiles, police et tribunaux. (Voir le tableau placé à la fin de cette chronologie.)

Le 3 novembre 1795, les ministères sont rétablis.

Sous l'empire, c'est un *grand juge*, *ministre de la justice*; sous la restauration (13 mai 1814), c'est un *chancelier*, *garde des sceaux*; depuis le 11 août 1830, *garde des sceaux*, *ministre de la justice*, aujourd'hui *ministre de la justice et des cultes*, depuis 1831.

Nous n'avons pas cru devoir faire remonter cette chronologie au delà du règne de François Ier, bien qu'il soit fait mention antérieurement de 131 chanceliers.

DATE DE L'ENTRÉE au ministère.	NOMS DES MINISTRES ET SECRÉTAIRES D'ÉTAT.	DATE DE LA SORTIE du ministère.
5 janvier 1514.	DUPRAT, archevêque de Sens, chancelier.	9 juillet 1535.
16 juillet 1535.	DUBOURG, chancelier	1538.
1538.	DE LONGUEJOUE, garde des sceaux......	11 nov. 1538.
12 nov. 1538.	POYET, baron DE BEINE, chancelier....	1542.
1542.	DE MONTHOLON, garde des sceaux......	12 juin 1543.
12 juin 1543.	ERRAULT, seigneur DE CHEMANS, garde des sceaux..............	1544.
1544.	DE LONGUEJOUE, garde des sceaux......	17 avril 1545.
18 avril 1545.	OLIVIER, seigneur DE LEUVILLE, chancelier de France................	1550.

DATE DE L'ENTRÉE au ministère.	NOMS DES MINISTRES ET SECRÉTAIRES D'ÉTAT.	DATE DE LA SORTIE du ministère.
Avril 1551.	BERTRAND, seigneur DE FRAZIN et DE VIDEVILLE, garde des sceaux........	1559.
1559.	OLIVIER, seigneur DE LEUVILLE, garde des sceaux....................	30 mars 1560.
30 juin 1560.	Michel DE L'HÔPITAL, chancelier......	1568.
1568.	DE MORVILLIER, évêque d'Orléans, garde des sceaux....................	1570.
1570.	RENÉ DE BIRAGUE, garde des sceaux, puis chancelier le 17 mars 1573.....	25 sept. 1578.
26 sept. 1578.	HURAULT, comte DE CHEVERNY, garde des sceaux, puis chancelier en 1583.....	1588.
6 sept. 1588.	DE MONTHOLON, seigneur D'AUBERVILLIERS, garde des sceaux...........	1589.
1er août 1589.	CHARLES DE BOURBON, cardinal DE VENDÔME, garde des sceaux...........	Décemb. 1589.
1590.	HURAULT, comte DE CHEVERNY, chancelier de France.................	30 juillet 1599.
2 août 1599.	POMPONE DE BELLIÈVRE, chancelier de France..........................	1605.
2 janvier 1605.	BRULART, marquis DE SILLERY et seigneur DE PUISIEUX, garde des sceaux, puis chancelier le 10 septembre 1607....	Mars 1616.
Mars 1616.	DU VAIR, évêque de Lisieux, garde des sceaux.........................	25 nov. 1616.
25 nov. 1616.	MANGOT DE VILLARCEAU, garde des sceaux.........................	24 avril 1617.
25 avril 1617.	DU VAIR, garde des sceaux...........	3 août 1621.
3 août 1621.	D'ALBERT, duc DE LUYNES, garde des sceaux.........................	15 déc. 1621.
24 déc. 1621.	MERY DE VIC, garde des sceaux........	22 sept. 1622.
23 sept. 1622.	LEFÈVRE, seigneur DE CAUMARTIN, garde des sceaux.....................	21 janv. 1623.

DATE DE L'ENTRÉE au ministère.	NOMS DES MINISTRES ET SECRÉTAIRES D'ÉTAT.	DATE DE LA SORTIE du ministère.
23 janv. 1623.	BRULART, marquis DE SILLERY, seigneur DE PUISIEUX, chancelier et garde des sceaux.	2 janvier 1624.
Janvier 1624.	D'ALIGRE, garde des sceaux, puis chancelier en octobre 1624	1er juin 1626.
1626.	DE MARILLAC, garde des sceaux	12 nov. 1630.
14 nov. 1630.	DE L'AUBESPINE, marquis DE CHÂTEAUNEUF, garde des sceaux	25 fév. 1633.
1633.	SEGUIER, duc DE VILLEMORS, garde des sceaux, puis chancelier le 19 décembre 1635	1650.
2 mars 1650.	DE L'AUBESPINE DE CHÂTEAUNEUF, garde des sceaux	3 avril 1651.
3 avril 1651.	MOLÉ (Mathieu), garde des sceaux	3 janv. 1656.
1656.	SEGUIER, duc DE VILLEMORS, chancelier de France, garde des sceaux	28 janv. 1672.
6 février 1672.	LOUIS XIV tient les sceaux	23 avril 1672.
24 avril 1672.	D'ALIGRE, garde des sceaux, puis chancelier en janvier 1674	25 oct. 1677.
29 octob. 1677.	LE TELLIER, chancelier et garde des sceaux	30 oct. 1685.
1er nov. 1685.	BOUCHERAT, comte DE COMPANS, chancelier et garde des sceaux	2 sept. 1699.
1699.	PHELIPPEAUX DE PONCHARTRAIN, chancelier et garde des sceaux	1714.
2 juillet 1714.	VOISIN, seigneur DE LA MORAYE, chancelier et garde des sceaux	2 février 1717.
2 février 1717.	D'AGUESSEAU, seigneur DE FRESNE, chancelier	1718.
Janvier 1718.	DE VOYER-DE-PAULMY, marquis D'ARGENSON, garde des sceaux	7 juin 1720.
1720.	D'AGUESSEAU, chancelier et garde des sceaux	1722.

DATE DE L'ENTRÉE au ministère.	NOMS DES MINISTRES ET SECRÉTAIRES D'ÉTAT.	DATE DE LA SORTIE du ministère.
28 fév. 1722.	Fleuriau d'Armenonville, garde des sceaux........................	15 août 1727.
17 août 1727.	De Chauvelin, garde des sceaux.......	1737.
1737.	D'Aguesseau, chancelier et garde des sceaux........................	Décemb. 1750.
9 déc. 1750.	De Lamoignon de Blancmesnil, chancelier, mais non ministre..........	1768.
9 déc. 1750.	De Machault d'Arnouville, garde des sceaux........................	2 février 1757.
	Louis XIV garde les sceaux.	
13 oct. 1761.	Berryer, garde des sceaux...........	15 août 1762.
1er oct. 1762.	Feydeau de Brou, garde des sceaux....	Octobre 1763.
1763.	De Maupeou (Réné-Charles), garde des sceaux, vice-chancelier, puis chancelier le 15 septembre 1768..	Sept. 1768.
Sept. 1768.	De Maupeou (Réné-Nicolas-Charles-Auguste), chancelier et garde des sceaux.	24 août 1774.
24 août 1774.	Hue de Miromesnil, garde des sceaux..	1787.
1787.	De Lamoignon, garde des sceaux......	14 sept. 1788.
19 sept. 1788.	De Barentin, garde des sceaux........	1789.
4 août 1789.	Champion de Cicé, archevêque de Bordeaux, garde des sceaux...........	20 nov. 1790.
21 nov. 1790.	Duport Dutertre, ministre de la justice.	22 mars 1792.
23 mars 1792.	Roland, ministre de la justice par intérim..........................	12 avril 1792.
13 avril 1792.	Duranthon, ministre de la justice......	3 juillet 1792.
3 juillet 1792.	De Joly, ministre de la justice........	9 août 1792.
10 août 1792.	Danton, ministre de la justice.........	8 octobre 1792.
9 octob. 1792.	Garat, ministre de la justice.........	19 mars 1793.
20 mars 1793.	Gohier, ministre de la justice.........	17 avril 1794.

DATE DE L'ENTRÉE au ministère.	NOMS DES MINISTRES ET SECRÉTAIRES D'ÉTAT.	DATE DE LA SORTIE du ministère.
18 avril 1794 (29 ger. an II).	HERMAN, commissaire des administrations civiles, police et tribunaux..........	Août 1794 (therm. an II).
	LANNE, adjoint au commissaire.	
Août 1794 (therm. an II).	AUMONT, commissaire provisoire des administrations civiles, police et tribunaux..........................	2 nov. 1795 (11 br. an IV).
	MOURRE, adjoint au commissaire.	
3 nov. 1795 (12 br. an IV).	MERLIN (de Douai), ministre de la justice..........................	4 janvier 1796 (14 niv. an IV).
5 janvier 1796 (15 niv. an IV).	GENISSIEU, ministre de la justice.......	2 avril 1796 (13 ger. an IV).
3 avril 1796 (14 ger. an IV).	MERLIN (de Douai), ministre de la justice..........................	18 sept. 1797 (22 fruc. an V).
24 sept. 1797 (3 vend. an VI).	LAMBRECHTS, ministre de la justice.....	19 juillet 1799 (1er ther. an VII).
20 juillet 1799 (2 ther. an VII).	CAMBACÉRÈS, ministre de la justice	24 déc. 1799 (3 niv. an VIII).
25 déc. 1799 (4 niv. an VIII).	ABRIAL, ministre de la justice.........	13 sept. 1802 (26 fruc. an X).
14 sept. 1802 (27 fruc. an X).	REGNIER, duc DE MASSA, grand juge, ministre de la justice (et de la police générale jusqu'au 10 juillet 1804)....	20 nov. 1813.
20 nov. 1813.	MOLÉ, grand juge, ministre de la justice.	2 avril 1814.
3 avril 1814.	HENRION DE PANSEY, commissaire provisoire..........................	12 mai 1814.
13 mai 1814.	DAMBRAY, chancelier de France, garde des sceaux......................	19 mars 1815.
20 mars 1815.	Le prince CAMBACÉRÈS, archichancelier de l'empire, est chargé du portefeuille du ministère de la justice..........	23 juin 1815.
24 juin 1815.	BOULAY (de la Meurthe), ministre d'État, est chargé provisoirement du portefeuille du ministère de la justice.....	8 juillet 1815.

DATE DE L'ENTRÉE au ministère.	NOMS DES MINISTRES ET SECRÉTAIRES D'ESTAT.	DATE DE LA SORTIE du ministère.
9 juillet 1815.	PASQUIER, garde des sceaux, ministre de la justice.	25 sept. 1815.
26 sept. 1815.	BARBÉ-MARBOIS, garde des sceaux, ministre de la justice.	6 mai 1816.
7 mai 1816.	DAMBRAY, chancelier de France, reprend provisoirement les sceaux du royaume et est chargé par intérim du portefeuille du ministère de la justice.	18 janv. 1817.
19 janv. 1817.	PASQUIER, garde des sceaux, ministre de la justice.	28 déc. 1818.
29 déc. 1818.	DE SERRE, garde des sceaux, ministre de la justice.	13 déc. 1821.
14 déc. 1821.	DE PEYRONNET, garde des sceaux, ministre de la justice.	3 janv. 1828.
4 janv. 1828.	PORTALIS, garde des sceaux, ministre de la justice.	13 mai 1829.
14 mai 1829.	BOURDEAU, garde des sceaux, ministre de la justice.	8 août 1829.
8 août 1829.	COURVOISIER, garde des sceaux, ministre de la justice.	19 mai 1830.
8 août 1829.	Le comte DE CHABROL a eu l'intérim jusqu'à l'arrivée de M. COURVOISIER.	15 août 1829.
19 mai 1830.	CHANTELAUZE, garde des sceaux, ministre de la justice.	26 juillet 1830.
31 juillet 1830.	DUPONT (de l'Eure), commissaire provisoire au département de la justice.	27 juillet 1830.
1er août 1830.	Commissaire définitif au département de la justice.	
11 août 1830.	DUPONT (de l'Eure), garde des sceaux, ministre de la justice.	26 déc. 1830.
27 déc. 1830.	MERILHOU, garde des sceaux, ministre de la justice.	7 mars 1831.

DATE DE L'ENTRÉE au ministère.	NOMS DES MINISTRES ET SECRÉTAIRES D'ÉTAT.	DATE DE LA SORTIE du ministère.
8 mars 1831.	D'ARGOUT, chargé par intérim du portefeuille de la justice...............	12 mars 1831.
13 mars 1831.	BARTHE, garde des sceaux, ministre de la justice, chargé des cultes du 11 octobre au 31 décembre 1832.............	4 avril 1834.
4 avril 1834.	PERSIL, garde des sceaux, ministre de la justice et des cultes...............	22 fév. 1836.
22 fév. 1836.	SAUZET, ministre de la justice et des cultes, garde des sceaux............	6 sept. 1836.
6 sept. 1836.	PERSIL, garde des sceaux, ministre de la justice et des cultes...............	15 avril 1837.
15 avril 1837.	BARTHE, garde des sceaux, ministre de la justice et des cultes..............	31 mars 1839.
21 mai 1837.	PARANT, sous-secrétaire d'État de la justice et des cultes................	30 mars 1839.
31 mars 1839.	GIROD (de l'Ain), Pair de France, ministre de la justice et des cultes, garde des sceaux......................	12 mai 1839.
12 mai 1839.	TESTE, garde des sceaux, ministre de la justice et des cultes..............	29 fév. 1840.
1er mars 1840.	VIVIEN, garde des sceaux, ministre de la justice et des cultes..............	28 oct. 1840.
29 octob. 1840.	MARTIN (du Nord), garde des sceaux, ministre de la justice et des cultes....	//

MINISTÈRE DES AFFAIRES ÉTRANGÈRES,
OU DES RELATIONS EXTÉRIEURES.

Jusqu'en 1588, ce ministère a souvent été partagé entre plusieurs personnes qui n'avaient à correspondre qu'avec un ou deux des royaumes étrangers.

DATE DE L'ENTRÉE au ministère.	NOMS DES MINISTRES ET SECRÉTAIRES D'ÉTAT.	DATE DE LA SORTIE du ministère.
1558.	BOCHETEL (Guillaume), seigneur DE SASSY, pour l'Écosse et l'Angleterre.........	1558.
1558.	DE MARCHAUMONT (Cosme-Clausse), pour l'Espagne et le Portugal...........	1559.
1559.	DU THIER DE BEAUREGARD, pour le Piémont, Rome, Venise et le Levant....	1567.
1567.	DE L'AUBESPINE (Claude), pour les relations avec l'empereur, l'Espagne, le Portugal, les Pays-Bas, l'Angleterre et l'Écosse......................	1569.
1569.	ROBERTET (Florimond), baron D'ALLUYE, pour l'Italie, le Piémont et le Levant..	1570.
1570.	DE L'AUBESPINE (Claude), fils du précédent, seigneur DE HAUTERIVE, pour l'Allemagne et la Suisse............	1579.
1579.	FIZES (Simon), baron DE SAUVES, pour le Danemarck, la Suède et la Pologne...	1579.
1579.	DE NEUFVILLE (Nicolas), seigneur DE VILLEROI......................	1588.
1588.	REVOL (Louis), réunit en sa personne tout le ministère des affaires étrangères, partagé jusqu'alors entre plusieurs ministres......................	17 sept. 1594.
1594.	DE NEUFVILLE VILLEROI (Nicolas), rappelé.........................	1617.
1617.	BRULART, vicomte DE PUISIEUX (Pierre)..	1624.

DATE DE L'ENTRÉE au ministère.	NOMS DES MINISTRES ET SECRÉTAIRES D'ÉTAT.	DATE DE LA SORTIE du ministère.
1624.	RAIMOND-PHELYPPEAU-D'HERBAUT, seigneur DE LA VRILLIÈRE, eut d'abord le département de l'Espagne, de l'Italie, de la Suisse et des Grisons, et en 1626, le ministère entier, sous le cardinal DE RICHELIEU....................	1628.
1624.	POTIER D'OCQUERRE (Nicolas), chargé des affaires de l'Allemagne, de la Pologne, des Provinces-Unies et de la Flandre.......................	1626.
1624.	DE LOMÉNIE BRIENNE (Henri-Auguste), seigneur DE LA VILLE-AUX-CLERCS, pour l'Angleterre, la Turquie et tout le Levant...........................	1626.
1629.	BOUTILLIER (Claude), seigneur DE PONS et DE FOSSIGNY....................	1632.
1632.	BOUTILLIER (Léon), comte DE CHAVIGNY et DE BUZANÇOIS, fils du précédent....	1643.
1643.	DE LOMÉNIE BRIENNE, déjà cité........	1651.
1651.	DE LOMÉNIE BRIENNE (Henri-Louis), fils du précédent, exerce conjointement avec son père...................	1663.
1663.	DE LIONNE (Hugues)...............	1er sept. 1671.
1671.	ARNAULD (Simon), marquis DE POMPONNE.........................	1679.
1679.	COLBERT (Charles), marquis DE CROISSY, second frère du grand COLBERT......	1696.
1689.	COLBERT (Jean-Baptiste), marquis DE TORCY, fils du précédent, reçu en survivance de son père, et titulaire en 1696.	1715.
1715.	Le maréchal D'UXELLES, président du conseil des affaires étrangères..........	Sept. 1718.
Sept. 1718.	DUBOIS (Guillaume), archevêque de Cambrai, puis cardinal...............	1723.

DATE DE L'ENTRÉE au ministère.	NOMS DES MINISTRES ET SECRÉTAIRES D'ÉTAT.	DATE DE LA SORTIE du ministère.
1723.	DE FLEURIAU D'ARMENONVILLE (Charles-Jean-Baptiste), comte DE MORVILLE, fils du garde des sceaux...............	1727.
1727.	DE CHAUVELIN (Germain-Louis), président au parlement de Paris et garde des sceaux..........................	21 fév. 1737.
22 fév. 1737.	AMELOT DE CHAILLOU (Jean-Jacques), de l'Académie française..............	17 nov. 1744.
18 nov. 1744.	DE VOYER DE PAULMY (René-Louis), marquis D'ARGENSON, fils du garde des sceaux et frère du ministre de la guerre.....	2 janv. 1747.
3 janv. 1747.	BRULART DE SILLERY (Louis-Philogène), marquis DE PUISIEUX.............	Sept. 1751.
Sept. 1751.	BARBERIE DE SAINT-CONTEST (François-Dominique)......................	Juillet 1754.
28 juillet 1754.	DE ROUILLÉ (Antoine-Louis), comte DE JOUY, ministre de la marine........	1757.
1757.	DE PIERRE (François-Joachim), comte DE BERNIS, cardinal...............	1758.
1er nov. 1758.	Le duc DE CHOISEUL STAINVILLE (Étienne-François).......................	1761.
Octobre 1761.	DE CHOISEUL, duc DE PRASLIN (César-Gabriel), cousin du précédent.........	1766.
	Le duc DE CHOISEUL reste chargé des affaires concernant l'Espagne et le Portugal.	
Avril 1766.	Le duc DE CHOISEUL, prédécesseur et successeur de son cousin le duc DE PRASLIN.	4 déc. 1770.
24 déc. 1770.	Le comte DE SAINT-FLORENTIN, duc de la VRILLÈRE (Louis-Phelyppeau), ministre de la maison du Roi, administre par intérim les affaires étrangères.........	Juin 1771.
6 juin 1771.	DE VIGNEROD DU PLESSIS RICHELIEU, duc d'AIGUILLON (Emmanuel-Armand)...	1774.

DATE DE L'ENTRÉE au ministère.	NOMS DES MINISTRES ET SECRÉTAIRES D'ÉTAT.	DATE DE LA SORTIE du ministère.
1774.	GRAVIER DE VERGENNES (Charles), ambassadeur en Suède, puis ministre......	13 fév. 1787.
1774.	BERTIN, ministre d'état, tient le portefeuille jusqu'à l'arrivée du ministre nommé..........................	1774.
Février 1787.	Le comte DE MONTMORIN SAINT-HEREM (Armand-Marc), fut massacré le 3 septembre 1792....................	Juillet 1789.
11 juillet 1789.	Le duc DE LA VAUGUYON...............	Juillet 1789.
Juillet 1789.	Le comte DE MONTMORIN, pour la 2e fois.	Nov. 1791.
Nov. 1791.	VALDEC DE LESSART (Claude), massacré en septembre 1792,.................	16 mars 1792.
17 mars 1792.	DUMOURIEZ (Charles-François).........	16 juin 1792.
17 juin 1792.	DE CHAMBONAS......................	31 juillet 1792.
1er août 1792.	BIGOT DE SAINTE-CROIX..............	9 août 1792.
10 août 1792.	LEBRUN..........................	20 juin 1793.
21 juin 1793.	DE FORGUES......................	7 avril 1794 (18 germinal an II).
8 avril 1794 (19 germinal an II).	HERMAN, commissaire des relations extérieures, révoqué le même jour.......	//
18 avril 1794 (20 germinal an II).	BUCHOT, commissaire des relations extérieures.......................	3 nov. 1794 (13 brumaire an III).
3 nov. 1794 (13 brum. an III).	MANGOURIT, commissaire des relations extérieures....................	8 nov. 1794 (18 brum. an III).
8 nov. 1794 (18 brum. an III).	MIOT, commissaire des relations extérieures.......................	4 mars 1795 (14 ventôse an III).
4 mars 1795 (14 ventôse an III).	COLCHEN, commissaire des relations extérieures.....................	6 nov. 1795 (15 brum. an IV).
7 nov. 1795 (16 brum. an IV).	DE LACROIX (Charles), ministre des relations extérieures..............	18 juillet 1797 (30 messid. an V).
19 juillet 1797 (1er thermid. an V).	TALLEYRAND-PÉRIGORD, ministre des relations extérieures..............	19 juillet 1799 (1er therm. an VII).
20 juillet 1799 (2 thermid. an VII).	REINHARD, *idem*.................	21 nov. 1799 (30 brum. an VIII).

DATE DE L'ENTRÉE au ministère.	NOMS DES MINISTRES ET SECRÉTAIRES D'ÉTAT.	DATE DE LA SORTIE du ministère.
22 nov. 1799 (1er frim. an VIII).	TALLEYRAND-PÉRIGORD, ministre des relations extérieures.	8 août 1807.
18 juin 1801 (29 prairial an IX).	CAILLARD, chargé par intérim du portefeuille[1]	
8 août 1807.	Comte DE CHAMPAGNY (Jean-Baptiste-Nomperre), duc DE CADORE	16 avril 1811.
17 avril 1811.	MARET (Huges-Bernard), duc DE BASSANO	19 nov. 1813.
20 nov. 1813.	CAULAINCOURT, duc DE VICENCE	2 avril 1814.
3 avril 1814.	Comte DE LAFORÊT (Mathurin), BUSSIÈRE, commissaire des affaires étrangères	12 mai 1814.
	DURAND DE MAREUIL, commissaire adjoint.	
13 mai 1814.	Le prince TALLEYRAND-PÉRIGORD, ministre des affaires étrangères	19 mars 1815.
11 sept. 1814.	Comte DE JAUCOURT, ministre par intérim pendant le congrès de Vienne	19 mars 1815.
21 mars 1815.	CAULINCOURT, duc DE VICENCE	22 juin 1815.
23 juin 1815.	Le baron BIGNON (Édouard), chargé du portefeuille	7 juillet 1815.
9 juillet 1815.	Le prince TALLEYRAND-PÉRIGORD, président du conseil	23 sept. 1815.
26 sept. 1815.	Le duc DE RICHELIEU, *idem*	28 déc. 1818.
29 déc. 1818.	Le marquis DESSOLES, *idem*	18 nov. 1819.
19 nov. 1819.	Le baron PASQUIER	13 déc. 1821.
14 déc. 1821.	Le duc Mathieu DE MONTMORENCY	27 déc. 1822.

[1] M. le comte d'Hauterive a été à diverses époques chargé du portefeuille des affaires étrangères :
Le 3 nivôse an X ;
Le 3 brumaire an XIII ;
Le 30 septembre 1806 ;
Le 1er février 1814 ;
Le 20 mars 1815 ;
Le 19 septembre 1818.

DATE DE L'ENTRÉE au ministère.	NOMS DES MINISTRES ET SECRÉTAIRES D'ÉTAT.	DATE DE LA SORTIE du ministère.
29 août 1822.	DE VILLÈLE (Joseph), président du conseil, est chargé du portefeuille par intérim, jusqu'au retour de M. de Montmorency, de Vienne et de Vérone....	"
28 déc. 1822.	Le vicomte DE CHATEAUBRIAND.........	5 juin 1824.
6 juin 1824.	DE VILLÈLE, nouvel intérim avec M. le marquis DE MOUSTIER, directeur des travaux politiques	3 août 1824.
4 août 1824.	Le baron DE DAMAS (Ange-Hyacinthe-Maxence)......................	3 janvier 1828.
4 janvier 1828.	Le comte DE LAFERRONNAYS..........	22 avril 1829.
3 août 1828.	DE REYNEVAL, chargé de l'intérim pendant un voyage de M. le comte de Laferronnays aux eaux...............	"
11 janv. 1829.	Le comte PORTALIS, garde des sceaux, chargé du second intérim pendant un voyage du ministre en Italie.........	13 mai 1829.
24 mars 1829.	Le duc DE LAVAL MONTMORENCY (n'a pas accepté)......................	"
14 mai 1829.	Le comte PORTALIS	7 août 1829.
8 août 1829.	Le prince DE POLIGNAC..............	27 juillet 1830.
31 juillet 1830.	BIGNON, commissaire provisoire........	2 août 1830.
3 août 1830.	Le maréchal comte JOURDAN, commissaire provisoire......................	10 août 1830.
11 août 1830.	Le comte MOLÉ, pair de France.......	1er nov. 1830.
2 nov. 1830.	Le maréchal MAISON	16 nov. 1830.
17 nov. 1830.	Le lieutenant général comte SÉBASTIANI..	10 oct. 1832.
Février 1832.	PÉRIER (Casimir), président du conseil, chargé du portefeuille par intérim pendant une maladie de M. Sébastiani.	10 mars 1832.
Août 1832.	D'ARGOUT, chargé du portefeuille pendant le voyage de M. Sébastiani aux eaux..........................	Septemb. 1832.

DATE DE L'ENTRÉE au ministère.	NOMS DES MINISTRES ET SECRÉTAIRES D'ÉTAT.	DATE DE LA SORTIE du ministère.
11 oct. 1832.	Le duc DE BROGLIE, pair de France.	3 avril 1834.
4 avril 1834.	Le vice-amiral comte DE RIGNY.	10 nov. 1834.
10 nov. 1834.	BRESSON (n'a pas accepté).	"
10 nov. 1834.	Le lieutenant général baron BERNARD, chargé du portefeuille par intérim . . .	18 nov. 1834.
18 nov. 1834.	Le vice-amiral comte DE RIGNY.	11 mars 1835.
12 mars 1835.	Le duc DE BROGLIE, pair de France, président du conseil des ministres.	"
22 févr. 1836.	THIERS, membre de la Chambre des Députés, président du conseil des ministres.	6 sept. 1836.
6 sept. 1836.	Le comte MOLÉ, pair de France, président du conseil des ministres.	30 mars 1839.
31 mars 1839.	Duc DE MONTEBELLO, pair de France . . .	11 mai 1839.
12 mai 1839.	Le maréchal duc DE DALMATIE.	29 févr. 1840.
1er mars 1840.	THIERS, membre de la Chambre des Députés, président du conseil des ministres.	28 oct. 1840.
29 oct. 1840.	GUIZOT, membre de la Chambre des Députés.	

MINISTÈRE DE LA GUERRE.

Le ministre de la guerre, autrefois le quatrième des secrétaires d'État, avait dans son département tout ce qui tenait à l'état militaire, et de plus toute l'administration des trois évêchés, Metz, Toul et Verdun; celle des provinces de Lorraine, Barrois, Artois, Flandre, Hainaut, Alsace, Franche-Comté, Dauphiné, Roussillon, la ville de Sédan, l'île de Corse (DE WAROQUIER, t. II, p. 428). A partir du règlement du 1er janvier 1589, la guerre a été confiée à un seul secrétaire d'État, les finances à un autre, etc.

DATE DE L'ENTRÉE au ministère.	NOMS DES MINISTRES ET SECRÉTAIRES D'ÉTAT.	DATE DE LA SORTIE du ministère.
1545.	BOURDON (Jacques)	1547.
1547.	BOCHETEL (Guillaume)	1560.
1560.	DE LAUBESPINE (Claude)	1570.
1570.	PINARD (Claude)	14 sept. 1588.
15 sept. 1588.	DE REVOL (Louis), mort en charge	24 sept. 1594.
30 sept. 1594.	DE NEUFVILLE DE VILLEROI (Nicolas), s'est retiré	3 mars 1606.
4 mars 1606.	BRULART DE PUISIEUX (Pierre), remercié.	9 août 1616.
9 août 1616.	MANGOT DE VILLARCEAU (Claude), commis à l'exercice de la charge, mais sans charge; devenu garde des sceaux	25 nov. 1616.
30 nov. 1616.	DUPLESSIS-RICHELIEU (Armand-Jean), évêque de Luçon	1er mai 1617.
1er mai 1617.	BRULART DE PUISIEUX, pour la deuxième fois, rétabli le 1er mai; remercié le 5 février 1624	5 fév. 1624.
5 fév. 1624.	LEBEAUCLERC (Charles), mort le 3 octobre 1630, dans sa charge	3 oct. 1630.
11 déc. 1630.	DE SERVIEN (Abel), marquis DE SABLÉ, se démet de sa charge	10 fév. 1636.
12 fév. 1636.	SUBLET DESNOYERS (François), se retire	10 avril 1643.

DATE DE L'ENTRÉE au ministère.	NOMS DES MINISTRES ET SECRÉTAIRES D'ÉTAT.	DATE DE LA SORTIE du ministère.
13 avril 1643.	LETELLIER (Michel), s'est retiré au commencement de 1651; le comte DE BRIENNE a exercé ses fonctions pour lui; les a reprises au mois de décembre 1651; le 14 décembre 1655 il obtint la survivance de sa charge pour son fils, mais il ne quitta le ministère que le 24 février 1662.	24 février 1662.
24 février 1662.	LETELLIER (Louis-Michel), marquis DE LOUVOIS; pourvu de la charge en survivance de son père, le 14 décembre 1655, il n'y fut associé que le *24 février 1662* et le même jour où il fut autorisé à tout signer : c'est cette dernière date qui est celle de l'entrée; il n'a quitté le ministère qu'à sa mort, le *16 juillet 1691*, car bien qu'il eût obtenu la charge en survivance pour son fils, le 5 décembre 1681, celui-ci n'exerça que conjointement avec son père et sous ses ordres, et ne fut seul ministre qu'à la mort de ce dernier.	16 juillet 1691.
16 juillet 1691.	DE BARBESIEUX (Louis-François-Marie LETELLIER, marquis); d'après les observations ci-dessus, la date de son adjonction au ministère est du 5 décembre 1681; celle de sa réception, du 7 du même mois et celle de son entrée en titre, *16 juillet 1691*; mort le 5 janvier 1701.	5 janv. 1701.
8 janv. 1701.	CHAMILLART, marquis DE CANY; a prêté serment et a commencé à signer le 13 janvier; se démet en faveur de son fils.	3 janv. 1707.
4 janvier 1707.	DE CHAMILLART (Michel), marquis DE CANY, fils du précédent, secrétaire d'État en survivance de son père, le 3 janvier 1707; s'en est démis le 9 juin 1709.	9 juin 1709.
17 juin 1709.	VOISINS (Daniel-François).	15 sept. 1715.

DATE DE L'ENTRÉE au ministère.	NOMS DES MINISTRES ET SECRÉTAIRES D'ÉTAT.	DATE DE LA SORTIE du ministère.
	Établissement, le 15 septembre 1715, d'un conseil de la guerre composé de la manière suivante; savoir :	
	Louis-Claude-Hector Maréchal DE VILLARS, président, et les conseillers du conseil de la guerre, qui commencent à signer les lettres et expéditions le 26 novembre 1715.	
	Louis PHELIPPEAUX, marquis DE LA VRILLIÈRE commence à signer les commissions et provisions en parchemins le 14 octobre 1715. Il est remplacé, le 4 février 1716, par FLEURIAU, marquis D'ARMENONVILLE, qui signe les mêmes pièces jusqu'au 24 septembre 1718.	
24 sept. 1718.	LEBLANC (Claude), faisant fonctions de ministre; se retire	1er juillet 1723.
4 juillet 1723.	LE TONNELIER (François-Victor), marquis DE BRETEUIL, faisant fonctions de ministre; et se retire.	16 juin 1726.
	Le Roi supprime les fonctions de premier ministre le 16 juin 1726.	
19 juin 1726.	LEBLANC (Claude), ministre; mort en charge.	19 mai 1728.
23 mai 1728.	D'ARGENVILLIERS, intendant de Paris; mort en charge.	15 fév. 1740.
20 fév. 1740.	Le marquis DE BRETEUIL, pour la deuxième fois; mort en charge	7 janv. 1743.
8 janv. 1743.	Le comte D'ARGENSON; le marquis DE PAULMY lui était adjoint; se démet	1er fév. 1757.
1er fév. 1757.	DE VOYER D'ARGENSON (Antoine-René), marquis DE PAULMY	1758.
3 mars 1758.	FOUQUET (Louis-Charles-Auguste), duc et maréchal DE BELLE-ILE; mort le	26 janv. 1761.
	M. DE CREMILLE, lieutenant général, adjoint au maréchal DE BELLE-ILE.	
26 janv. 1761.	Le duc DE CHOISEUL-STAINVILLE; il réunit la marine à son ministère; est exilé. . .	24 déc. 1770.

DATE DE L'ENTRÉE au ministère.	NOMS DES MINISTRES ET SECRÉTAIRES D'ÉTAT.	DATE DE LA SORTIE du ministère.
6 janv. 1771.	Le marquis DE MONTEYNARD; il avait un adjoint et trois directeurs généraux; se démet.	27 janv. 1774.
10 mai 1774.	Le duc D'AIGUILLON; se demet.	2 juin 1774.
5 juin 1774.	Le maréchal DUMUY.	10 oct. 1775.
27 oct. 1775.	Le comte DE SAINT-GERMAIN; démissionnaire le.	27 sept. 1777.
27 sept. 1777.	Le prince DE MONTBARREY.	18 déc. 1780.
19 déc. 1780.	M. DE VERGENNES, ministre par intérim..	22 déc. 1780.
23 déc. 1780.	Le maréchal marquis DE SÉGUR (Philippe Henri); se démet.	29 août 1787.
29 août 1787.	Le baron DE BRETEUIL, ministre de la maison du Roi, remplit les fonctions de ministre de la guerre depuis le 29 août 1787 jusqu'au 24 septembre suivant..	24 sept. 1787.
24 sept. 1787.	DE LOMÉNIE (Athanase - Louis - Marie), comte DE BRIENNE.	28 nov. 1788.
	Le 9 octobre 1787, on établit un conseil composé de huit officiers généraux, présidé par le ministre; pendant les deux voyages du ministre à Cherbourg et sur les côtes, M. DE VILLEDEUIL (Laurent) a la signature; démissionnaire.	
30 nov. 1788.	DE CHASTENET (Louis-Pierre), comte DE PUYSÉGUR.	12 juillet 1789.
13 juillet 1789.	Le maréchal duc DE BROGLIE (Victor-François).	15 juillet 1789.
	Le conseil de la guerre est supprimé par ordre du Roi le 14 juillet 1789.	
	Le ministère demeure vacant jusqu'au 4 août 1789, et pendant ce temps il est administré, par intérim, par M. DE SAINT-PRIEST.	

DATE DE L'ENTRÉE au ministère.	NOMS DES MINISTRES ET SECRÉTAIRES D'ÉTAT.	DATE DE LA SORTIE du ministère.
5 août 1789.	LATOUR-DUPIN (Jean-Frédéric); donne sa démission le lundi au soir; a quitté l'hôtel le mardi 9.	8 oct. 1790.
10 oct. 1790.	DUPORTAIL (Louis-le-Bègue), maréchal de camp; démissionnaire.	3 déc. 1791.
	Par décret des 21-25 juin 1791, les ministres ont été autorisés à exercer les fonctions du pouvoir exécutif pendant la fuite du Roi.	
8 déc. 1791.	DE NARBONNE (Louis-Marie-Jacques-Amalric, chevalier), maréchal de camp; remercié	9 mars 1792.
	Le 20 décembre, M. DE NARBONNE est parti à neuf heures du soir pour aller visiter les frontières et il est revenu dans la nuit du 7 au 8 janvier 1792.	
Déc. 1791.	DELESSART, pendant le voyage de M. DE NARBONNE.	8 janv. 1792.
9 mars 1792.	DE GRAVE (Henri-Marie), maréchal de camp; se démet	8 mai 1792.
9 mai 1792.	SERVAN DE GERBY (Joseph), maréchal de camp.	12 juin 1792.
12 juin 1792.	DUMOURIEZ (Charles-François), ministre des affaires étrangères; démissionnaire. . .	16 juin 1792.
16 juin 1792.	LAJARD (Pierre-Auguste), adjudant général, colonel de la garde nationale parisienne	24 juillet 1792.
24 juillet 1792.	D'ABAUCOURT; décrété d'accusation.	10 août 1792.
10 août 1792.	CLAVIÈRE, jusqu'au	21 août 1792.
10 août 1792.	SERVAN, ex-ministre, rappelé le 10 août, n'a pris le portefeuille que le 21; démissionnaire	6 oct. 1792.
7 oct. 1792.	LEBRUN, par intérim et au ministère des affaires étrangères.	18 oct. 1792.

DATE DE L'ENTRÉE au ministère.	NOMS DES MINISTRES ET SECRÉTAIRES D'ÉTAT.	DATE DE LA SORTIE du ministère.
18 oct. 1792.	PACHE, destitué par décret de la Convention, le	2 fév. 1793.
4 fév. 1793.	BEURNONVILLE; prend possession le 5, démissionnaire le 11, réélu par la Convention le 14 du même mois. Le 30 mars, la Convention décrète que le ministre de la guerre ira visiter les armées; il part le même soir, et est retenu prisonnier par DUMOURIEZ.	
30 mars 1793.	LEBRUN, ministre des affaires étrangères, par intérim	1er avril 1793.
	Le 3 avril 1793, tous les ministres sont suspendus.	
4 avril 1793.	BOUCHOTTE (Jean-Baptiste-Noël), commandant temporaire à Cambrai	20 avril 1794 (1er floréal an II).
20 avril 1794 (1er floréal an II).	PILLE (Louis-Antoine), commissaire exécutif (création de la commission de l'organisation et du mouvement des armées de terre, le 12 germinal an II).	3 nov. 1795 (12 brumaire an IV).
3 nov. 1795 (12 brumaire an IV).	AUBERT-DUBAYET (Jean-Baptiste-Annibal), (suppression de la commission), nommé ambassadeur à la Porte-Ottomane.	8 fév. 1796 (19 pluviôse an IV).
8 fév. 1796 (19 pluviôse an IV).	PETIET, ordonnateur des guerres	25 juillet 1797 (7 thermidor an V).
25 juillet 1797 (7 thermidor an V).	SCHÉRER (Barthélemy-Louis-Joseph)	21 fév. 1799 (3 ventôse an VII).
21 fév. 1799 (3 ventôse an VII).	MILET-MUREAU (Louis-Marie-Antoine), général de brigade du génie; démissionnaire le 6 messidor, sa démission est acceptée le 14	2 juillet 1799 (14 messidor an VII).
2 juillet 1799 (14 messid. an VII.)	BERNADOTTE (Charles-Jean), général de division, démissionnaire le (Mort roi de Suède.)	14 sept. 1799 (28 fruct. an VII).
24 sept. 1799 (28 fruct. an VII).	MILET MUREAU, par intérim, jusqu'au 2 vendémiaire an VIII	22 sept. 1799 (1er vend. an VIII).

DATE DE L'ENTRÉE au ministère.	NOMS DES MINISTRES ET SECRÉTAIRES D'ÉTAT.	DATE DE LA SORTIE du ministère.
23 sept. 1799 (3 vendém. an VIII).	DUBOIS DE CRANCÉ (Edmond-Louis-Alexis), général de division	10 nov. 1799 (19 brum. an VIII).
11 nov. 1799 (19 brum. an VIII).	BERTHIER (Louis-Alexandre), général de division; nommé général en chef de l'armée de réserve	2 avril 1800 (12 germ. an VIII).
2 avril 1800 (12 germ. an VIII).	CARNOT; démissionnaire le	8 oct. 1800 (16 vend. an IX).
6 mai 1800 (16 flor. an VIII).	LACUÉE, par intérim, pendant le voyage du ministre	22 mai 1800 (2 prair. an VIII).
8 oct. 1800 (16 vend. an IX).	BERTHIER, a conservé le portefeuille jusqu'au	1er sept. 1807.
8 oct. 1800 (16 vend. an IX).	Le baron LACUÉE exerce l'intérim	13 nov. 1800 (22 brum. an IX).
9 août 1807.	CLARKE (Henry-Jacques-Guillaume), général de division, a prêté serment et a pris le portefeuille le 1er septembre 1807	3 avril 1814.
12 mars 1802 (21 vent. an X).	Comte DEJEAN (Jean-François-Aimé), ministre directeur de l'administration de la guerre	2 janvier 1810.
3 janv. 1810.	Baron LACUÉE (Jean-Gérard), comte DE CESSAC, ministre directeur de l'administration de la guerre	19 nov. 1813.
20 nov. 1813.	Comte DARU (Pierre-Antoine-Noël-Bruno), ministre directeur de l'administration de la guerre	30 mars 1814.
3 avril 1814.	Comte DUPONT (Pierre), lieutenant général, a été nommé commissaire pour la guerre le 3 avril 1814, et ministre de la guerre le 13 mai suivant	3 déc. 1814.
3 sept. 1814.	Le maréchal SOULT (Jean-de-Dieu), duc de Dalmatie	12 mars 1815.
12 mars 1815.	Le duc DE FELTRE (Clarke)	8 juillet 1815.
20 mars 1815.	Le maréchal DAVOUST (Louis-Nicolas), prince d'Eckmuhl, par l'Empereur ...	8 juillet 1815.

DATE DE L'ENTRÉE au ministère.	NOMS DES MINISTRES ET SECRÉTAIRES D'ÉTAT.	DATE DE LA SORTIE du ministère.
9 juillet 1815.	GOUVION SAINT-CYR, maréchal de France	25 sept. 1815.
26 sept. 1815.	Le duc DE FELTRE, *idem*............	12 sept. 1817.
12 sept. 1817.	GOUVION SAINT-CYR, *idem*...........	18 nov. 1819.
	Le ministre DESSOLLES a le portefeuille de la guerre le 14 juin jusqu'au.....	10 octobre.
19 nov. 1819.	Le marquis DE LATOUR-MAUBOURG (Victor), pair de France, ambassadeur à Londres....................	13 déc. 1821.
	Le baron PORTAL a eu le portefeuille du 19 novembre 1819 au 10 décembre suivant.	
14 déc. 1821.	Le maréchal duc DE BELLUNE (Perrin-Claude dit VICTOR), part pour Bayonne le 24 mars 1823, rentre le 15 avril suivant, quitte le 10 octobre 1823 pour aller à l'armée................	10 oct. 1823.
23 mars 1823.	Le général vicomte DIGEON (Armand-Joseph-Henry), par intérim, ministre secrétaire d'état chargé du portefeuille de la guerre le..................	15 avril 1823.
19 oct. 1823.	Le baron DE DAMAS (Ange-Hyacinthe-Maxime), ministre secrétaire d'état de la guerre a commencé à signer......	"
	M. le comte DU COETLOSQUET, directeur général du personnel, chargé du portefeuille du 19 octobre au 5 août 1824..	5 août 1824.
11 août 1824.	Le marquis DE CLERMONT-TONNERRE entre au ministère le 5 août 1824 (en voyage du 29 août 1825 au 29 septembre suivant)........................	4 janv. 1828.
	M. le baron DE DAMAS, par intérim, du 29 août 1825 au 29 septembre, époque du retour de M. DE CLERMONT-TONNERRE.	

DATE DE L'ENTRÉE au ministère.	NOMS DES MINISTRES ET SECRÉTAIRES D'ÉTAT.	DATE DE LA SORTIE du ministère.
4 janv. 1828.	Le vicomte de Caux, conseiller d'État, lieutenant général, est nommé ministre secrétaire d'État de l'administration de la guerre.	
	La présentation aux emplois vacants dans l'armée est faite par M. le Dauphin. Les nominations sont contre-signées par le ministre de l'administration de la guerre.	
17 janv. 1828.	Art. 2 et 3. « Le vicomte de Caux prend le titre de ministre secrétaire d'État de la guerre et conserve les attributions dont se formait le département de la guerre, sauf la présentation aux emplois vacants dans l'armée, confiée au Dauphin; le travail préparatoire qui sert de base aux propositions du Dauphin, signé par le ministre de la guerre, est certifié par lui conforme aux lois et ordonnances sur l'avancement dans l'armée. »	
	M. de Caux, démissionnaire	8 août 1829.
8 août 1829.	De Ghaisme (Louis-Auguste-Victor), comte de Bourmont, pair de France, lieutenant général des armées, est nommé ministre secrétaire d'État au département de la guerre.	
	Les articles 2, 3 de l'ordonnance du 17 janvier 1828, relatifs à la présentation aux emplois vacants confiée à M. le Dauphin, continuent à recevoir leur exécution.	27 juillet 1830.
	Depuis le départ de M. de Bourmont pour l'expédition d'Alger, l'intérim est rempli par M. de Champagny.	
11 août 1830.	Comte Gérard (Maurice-Étienne)	16 nov. 1830.

DATE DE L'ENTRÉE au ministère.	NOMS DES MINISTRES ET SECRÉTAIRES D'ÉTAT.	DATE DE LA SORTIE du ministère.
17 nov. 1830.	Le maréchal SOULT, duc DE DALMATIE, ministre secrétaire d'Etat de la guerre; donne sa démission..............	18 juillet 1834.
18 juillet 1834.	Le maréchal comte GÉRARD, ministre secrétaire d'État de la guerre et président du conseil des ministres..........	29 oct. 1834.
29 oct. 1834.	Le vice-amiral comte DE RIGNY, ministre secrétaire d'État des affaires étrangères, est chargé par intérim du portefeuille de la guerre.....................	10 nov. 1834.
10 nov. 1834.	Le lieutenant général baron BERNARD (Simon), ministre secrétaire d'État de la guerre.........................	18 nov. 1834.
18 nov. 1834.	Le maréchal MORTIER (Édouard-Adolphe-Casimir-Joseph), duc DE TRÉVISE, ministre secrétaire d'État de la guerre et président du conseil des ministres....	12 mars 1835.
12 mars 1835.	Le vice-amiral comte DE RIGNY, ministre sans portefeuille, est chargé par intérim des fonctions de ministre de la guerre.	30 avril 1835.
30 avril 1835.	Le maréchal marquis MAISON, ministre secrétaire d'État de la guerre.......	6 sept. 1836.
6 sept. 1836.	Vice-amiral ROSAMEL, intérim.........	19 sept. 1836.
19 sept. 1836.	Baron BERNARD, lieutenant général.....	31 mars 1839.
31 mars 1839.	Lieutenant général DESPANS-CUBIÈRES...	12 mai 1839.
12 mai 1839.	Lieutenant général SCHNEIDER.........	1er mars 1840.
1er mars 1840.	Lieutenant général DESPANS-CUBIÈRES...	29 oct. 1840.
29 oct. 1840.	Maréchal duc DE DALMATIE...........	

MINISTÈRE DE LA MARINE ET DES COLONIES.

Le ministre de ce titre, autrefois le deuxième des secrétaires d'État, avait alors dans ses attributions le commerce dans les îles françaises de l'Amérique, et tout ce qui regarde l'Amérique, l'île de Gorée et tous les comptoirs établis sur les côtes d'Afrique; le commerce des îles de France et de Bourbon, et les Indes-Orientales; les pêches de la morue, du hareng, de la baleine et autres.

Le commerce de la mer Méditerranée, ce qui comprend les îles du Levant et tous les États du Grand-Seigneur; la Barbarie, les côtes d'Italie et les côtes d'Espagne dans la Méditerranée; la chambre de commerce de Marseille, le commerce de la Hollande, le commerce d'Angleterre, Écosse et Irlande; le commerce de Suède, Danemarck, Hambourg, Dantzig et autres pays du nord dans la Baltique; le commerce de Russie. (De Waroquier, t. II, p. 426.)

DATE DE L'ENTRÉE au ministère.	NOMS DES MINISTRES ET SECRÉTAIRES D'ÉTAT.	DATE DE LA SORTIE du ministère.
14 sept. 1547.	Clausse, à la création de la charge....	1558.
1558.	Robertet de Fresnes...............	Octobre 1567.
1567.	Fizes de Sauve....................	1579.
	La charge est supprimée en 1579. Elle est rétablie en 1588.	
15 sept. 1588.	Rusé de Beaulieu (Martin)..........	6 nov. 1613.
7 nov. 1613.	De Loménie de la Ville aux Clercs (Antoine).......................	12 août 1615.
	Le cardinal de Richelieu, surintendant de la navigation.	
13 août 1615.	De Loménie, comte de Brienne.......	23 fév. 1643.
23 fév. 1643.	Guénégaud de Plancy..............	4 fév. 1662.
4 fév. 1662.	De Lyonne.........................	février 1669.
février 1669.	Colbert...........................	6 sept. 1683.
6 sept. 1683.	Seignelay.........................	6 nov. 1690.
6 nov. 1690.	Phelipeaux (Louis), comte de Pontchartrain.......................	5 sept. 1699.
6 sept. 1699.	Phelipeaux (Jérôme), comte de Pontchartrain.......................	13 sept. 1715.
15 sept. 1715.	Établissement d'un conseil de marine pendant la minorité de Louis XV. Rétablissement des ministres en 1718.	

DATE DE L'ENTRÉE au ministère.	NOMS DES MINISTRES ET SECRÉTAIRES D'ÉTAT.	DATE DE LA SORTIE du ministère.
Octobre 1718.	FLEURIAU D'ARMENONVILLE............	8 avril 1722.
9 avril 1722.	Comte DE MORVILLE...............	12 nov. 1723.
13 nov. 1723.	Comte DE MAUREPAS...............	1749.
1749.	DE ROUILLÉ.....................	28 juillet 1754.
28 juillet 1754.	DE MACHAULT....................	1er fév. 1757.
1er fév. 1757.	PEIRENNE DE MOIRAS..............	1er juin 1758.
1er juin 1758.	DE MASSIAC.....................	1er nov. 1758.
	LENORMAND DE MEZY, pendant le même temps adjoint au ministre.	
1er nov. 1758.	BERRYER........................	13 oct. 1761.
13 oct. 1761.	Duc DE CHOISEUL (STAINVILLE)........	7 avril 1766.
8 avril 1766.	Duc DE CHOISEUL (PRASLIN)..........	24 déc. 1770.
25 déc. 1770.	L'abbé TERRAY, chargé du portefeuille..	7 avril 1771.
8 avril 1771.	BOURGEOIS DE BOYNES..............	19 juillet 1774.
20 juillet 1774.	TURGOT.........................	24 août 1774.
24 août 1774.	DE SARTINE.....................	6 juin 1780.
7 juin 1780.	DELACROIX, maréchal DE CASTRIES......	24 août 1787.
25 août 1787.	Comte MONTMORIN DE SAINT-HEREM....	23 déc. 1787.
24 déc. 1787.	Comte DE LA LUZERNE..............	23 oct. 1790.
24 oct. 1790.	Comte DE CLARET DE FLEURIEU........	15 mai 1791.
16 mai 1791.	Vice-amiral THÉVENARD.............	17 sept. 1791.
18 sept. 1791.	DELESSART, chargé du portefeuille.....	1er oct. 1791.
2 oct. 1791.	Comte BERTRAND DE MOLLEVILLE.......	14 mars 1792.
15 mars 1792.	Baron LACOSTE....................	20 juillet 1792.
21 juillet 1792.	Vicomte DUBOUCHAGE...............	11 août 1792.
12 août 1792.	MONGE..........................	10 avril 1793.
10 avril 1793.	DALBARADE, ministre, puis commissaire.	1er juillet 1795 (13 messidor an III).

DATE DE L'ENTRÉE au ministère.	NOMS DES MINISTRES ET SECRÉTAIRES D'ÉTAT.	DATE DE LA SORTIE du ministère.
2 juillet 1795 (14 messidor an III).	REDON DE BEAUPRÉAU, commissaire.....	7 nov. 1795 (16 brumaire an IV).
8 nov. 1795 (17 brumaire an IV).	TRUGUET, ministre.................	18 juillet 1797 (1er fructidor an V).
19 juillet 1797 (2 fructidor an V).	PLEVILLE-LE-PELEY................	27 avril 1798 (7 floréal an VI).
28 avril 1798 (8 floréal an VI).	BRUIX.........................	2 juillet 1799 (13 messidor an VII).
3 juillet 1799 (15 messidor an VII).	BOURDON DE VATRY................	23 nov. 1799 (1er frimaire an VIII).
24 nov. 1799 (2 frimaire an VIII).	FORFAIT.........................	1er oct. 1801 (9 vendémiaire an X).
1er oct. 1801 (10 vendém. an X).	Duc DECRÈS......................	30 mars 1814
2 avril 1814.	JURIEN, commissaire provisoire........	12 mai 1814.
13 mai 1814.	Baron MALOUET....................	7 sept. 1814.
8 sept. 1814.	Comte FERRAND, par intérim.........	2 déc. 1814.
2 déc. 1814.	Comte BEUGNOT....................	19 mars 1815.
20 mars 1815.	Duc DECRÈS.......................	8 juillet 1815.
9 juillet 1815.	Comte DE JAUCOURT................	23 sept. 1815.
24 sept. 1815.	Vicomte DU BOUCHAGE..............	23 juin 1817.
23 juin 1817.	Maréchal GOUVION SAINT-CYR.........	11 sept. 1817.
12 sept. 1817.	Comte MOLÉ.......................	28 déc. 1818.
29 déc. 1818.	Baron PORTAL.....................	13 déc. 1821.
14 déc. 1821.	Marquis DE CLERMONT-TONNERRE.......	3 août 1824.
4 août 1824.	Comte DE CHABROL DE CROUZOL........	2 mars 1828.
3 mars 1828.	Baron HYDE DE NEUVILLE............	7 août 1829.
8 août 1829.	Comte DE RIGNY, n'accepte pas.	
8 août 1829.	Le prince DE POLIGNAC remplit l'intérim.	26 août 1829.
26 août 1829.	Baron D'HAUSSEZ, nommé le 23 août, exerce.........................	27 juillet 1830.

DATE DE L'ENTRÉE au ministère.	NOMS DES MINISTRES ET SECRÉTAIRES D'ÉTAT.	DATE DE LA SORTIE du ministère.
2 août 1830.	Baron Tupinier, chargé par intérim de l'administration de la marine en l'absence de M. le Comte de Rigny, nommé le 31 juillet 1830, commissaire provisoire; n'a pas occupé l'emploi..................	10 août 1830.
11 août 1830.	Comte Sébastiani, ministre..........	16 nov. 1830.
17 nov. 1830.	Comte d'Argout.......................	12 mars 1831.
13 mars 1831.	Comte de Rigny.......................	4 avril 1834.
4 avril 1834.	Baron Roussin, n'accepte pas.	
4 avril 1834.	Comte de Rigny, par intérim..........	18 mai 1834.
19 mai 1834.	Comte Jacob..........................	9 nov. 1834.
10 nov. 1834.	Baron Dupin (Charles)...............	18 nov. 1834.
18 nov. 1834.	Comte de Rigny, ministre des affaires étrangères, chargé de l'intérim de la marine..........................	22 nov. 1834.
22 nov. 1834.	Baron Duperré, ministre............	5 sept. 1836.
6 sept. 1836.	Vice-amiral de Rosamel, ministre......	30 mars 1839.
31 mars 1839.	Baron Tupinier, ministre...........	11 mai 1839.
12 mai 1839.	Baron Duperré, ministre...........	29 fév. 1840.
1er mars 1840.	Vice-amiral baron Roussin, ministre....	28 oct. 1840.
29 oct. 1840.	Amiral baron Duperré, ministre.......	6 fév. 1843.
7 février 1843.	Amiral baron Roussin, ministre.......	23 juillet 1843.
24 juillet 1843.	Vice-amiral baron de Mackau.........	

MINISTÈRE DES FINANCES.

L'institution de la charge de surintendant des finances remonte au commencement du XIVe siècle. Elle fut supprimée, en 1661, dans la personne de M. Foucquet, et, depuis lors, jusqu'en 1791, le contrôleur général, qui auparavant était subordonné au surintendant, devint le seul chef et ordonnateur des finances de l'État.

La loi du 27 avril 1791 créa un ministère des contributions et revenus publics. Alors l'administration du Trésor fut entièrement séparée du ministère, et confiée à six commissaires nommés par le Roi. Napoléon a institué depuis, pour l'administration du trésor impérial, un ministère spécial.

Le ministère des contributions et revenus publics fut supprimé le 1er avril 1794, puis rétabli le 3 novembre 1795, sous la dénomination précédente de *ministère des finances*, qu'il a conservée jusqu'à aujourd'hui.

DATE DE L'ENTRÉE AU MINISTÈRE.	NOMS DES MINISTRES ET SECRÉTAIRES D'ÉTAT.	DATE DE LA SORTIE DU MINISTÈRE.
1523.	Philibert BABOU, seigneur DE GIVRAY et DE LA BOURDAISIÈRE, trésorier de France et de l'épargne; puis surintendant des finances, en 1524	1544.
1544.	Jean DU THIER, seigneur DE BEAUREGARD, contrôleur des finances	1546.
1546.	Claude D'ANNEBAUT, maréchal et amiral de France, surintendant des finances	1552.
1552.	Jean D'AVANÇON, surintendant des finances	1559.
1559.	Charles DE LORRAINE-GUISE, cardinal DE LORRAINE, surintendant des finances	1567.
1567.	Artus DE COSSÉ-BRISSAC, seigneur DE GONNOR, surintendant des finances	1572.
1572.	POMPONE DE BELLIÈVRE, surintendant des finances	1577.
1577.	François D'O, marquis DE MAILLEBOIS, surintendant des finances	1594.
1596.	Maximilien DE BÉTHUNE, marquis DE ROSNI, duc DE SULLY, surintendant des finances	1610.
1610.	Nicolas DU HARLAY, seigneur DE SANCY, surintendant des finances	1611.

DATE DE L'ENTRÉE au ministère.	NOMS DES MINISTRES ET SECRÉTAIRES D'ÉTAT.	DATE DE LA SORTIE du ministère.
1611.	Pierre Jeannin, baron de Montjeu, surintendant des finances.	1619.
1619.	Henri de Schomberg, comte de Nanteuil, surintendant des finances.	1620.
1620.	Jean Bochart, seigneur de Champigny, surintendant des finances.	1623.
1623.	Charles, duc de la Vieuville, surintendant des finances.	1624.
1624.	Michel de Marillac, surintendant des finances dans le même temps.	1626.
1626.	François Sublet, seigneur des Noyers, surintendant des finances.	1626.
1626.	Antoine Coeffier-Rusé, marquis d'Effiat, surintendant des finances.	1632.
1632.	Claude de Bullion, surintendant des finances.	1640.
1642.	Claude Bouthillier, surintendant des finances.	1643.
10 juin 1643.	Claude de Mesmes, comte d'Avaux, surintendant des finances.	"
"	Nicolas Bailleul, surintendant des finances.	17 juillet 1647.
18 juillet 1647.	Michel Particelli, seigneur d'Émery, surintendant des finances.	1648.
1648.	Charles de la Porte, maréchal duc de la Meilleraye, surintendant des finances.	1649.
25 mai 1650.	Réné de Longueil, marquis de Maisons, président du parlement, surintendant des finances.	7 février 1653.
8 février 1653.	Abel Servien, marquis de Sablé, surintendant des finances.	"

DATE DE L'ENTRÉE au ministère.	NOMS DES MINISTRES ET SECRÉTAIRES D'ÉTAT.	DATE DE LA SORTIE du ministère.
8 février 1653.	Nicolas FOUCQUET, marquis DE BELLE-ISLE, surintendant des finances; reste seul après la mort de SERVIEN.......	1661.
1666.	Jean-Baptiste COLBERT, dit *le Grand*, contrôleur général des finances.........	1683.
1683.	Claude LE PELLETIER, seigneur DE MORFONTAINE, contrôleur général des finances.........................	Sept. 1689.
20 sept. 1689.	Louis PHELIPPEAUX, comte DE PONTCHARTRAIN, contrôleur général des finances.	1699.
5 sept. 1699.	Michel DE CHAMILLART, contrôleur général des finances.................	14 février 1708.
22 février 1708.	Nicolas DES MARETZ, marquis DE MAILLEBOIS, contrôleur général des finances..	Sept. 1715.
15 sept. 1715.	Conseil des finances (le duc DE NOAILLE, président du conseil des finances)....	Janvier 1718.
Janvier 1718.	Marc-Réné DE VOYER DE PAULMY, marquis D'ARGENSON, chargé de l'administration des finances..............	4 janvier 1720.
4 janvier 1720.	Jean LAW, contrôleur général des finances......................	29 mai 1720.
Juin 1720.	LE PELLETIER-DESFORTS, directeur général des finances.................	Déc. 1720.
10 déc. 1720.	Félix LE PELLETIER DE LA HOUSSAYE, contrôleur général des finances.........	10 avril 1722.
Avril 1722.	Charles GASPARD-DODUN, contrôleur général des finances................	12 juin 1726.
14 juin 1726.	Michel-Robert LE PELLETIER DES FORTS, contrôleur général des finances......	19 mars 1730.
20 mars 1730.	Philibert ORRY, contrôleur général des finances.........................	5 déc. 1745.
6 déc. 1745.	Jean-Baptiste DE MACHAULT D'ARNONVILLE, contrôleur général des finances......	29 juillet 1754.

DATE DE L'ENTRÉE au ministère.	NOMS DES MINISTRES ET SECRÉTAIRES D'ÉTAT.	DATE DE LA SORTIE du ministère.
29 juillet 1754.	Jean Moreau, seigneur de Séchelles, contrôleur général des finances......	25 août 1756.
25 août 1756.	François-Marie Peirenc de Moras, contrôleur général des finances.........	1757.
25 août 1757.	Jean-Nicolas de Boullongne, contrôleur général des finances..............	4 mars 1759.
Mars 1759.	De Silhouette..................	Nov. 1759.
Nov. 1759.	Henri-Léonard-Jean-Baptiste Bertin, contrôleur général des finances.........	Déc. 1763.
Déc. 1763.	Clément-Charles-François de l'Averdy, contrôleur général des finances......	1768.
27 sept. 1768.	Étienne Maynon d'Invault, contrôleur général des finances..............	Déc. 1769.
Déc. 1769.	Joseph-Marie Terray, contrôleur général des finances....................	24 août 1774.
Août 1774.	Turgot, contrôleur général..........	Mai 1776.
Mai 1776.	Clugny, contrôleur général..........	Octobre 1776.
Octobre 1776.	Taboureau des Réaux, contrôleur général........................	Juillet 1777.
Octobre 1776.	Necker, directeur général du trésor royal.	Juillet 1777.
Juillet 1777.	Necker, directeur général des finances..	Mai 1781.
Mai 1781.	Joly de Fleury, contrôleur général....	Avril 1783.
Avril 1783.	D'Ormesson, contrôleur général.......	8 nov. 1783.
9 nov. 1783.	Calonne, contrôleur général..........	8 avril 1887.
9 avril 1787.	Bouvard de Fourqueux, contrôleur général.......................	Mai 1787.
Mai 1787.	Loménie de Brienne, archevêque de Toulouse, puis de Sens, chef du conseil royal des finances............	Août 1788.
Mai 1787.	Laurent de Villedeuil, contrôleur général.......................	Août 1787.

DATE DE L'ENTRÉE AU ministère.	NOMS DES MINISTRES ET SECRÉTAIRES D'ÉTAT.	DATE DE LA SORTIE du ministère.
Août 1787.	LOMÉNIE DE BRIENNE, premier ministre..	Août 1788.
Août 1787.	LAMBERT, contrôleur général..........	Août 1788.
20 août 1788.	NECKER, directeur général des finances..	11 juillet 1789.
11 juillet 1789.	Le baron DE BRETEUIL, chef du conseil royal des finances................	Juillet 1789.
29 juillet 1789.	NECKER, premier ministre des finances..	4 sept. 1790.
Août 1789.	Lambert, contrôleur général.........	1790.
1790.	VALDEC DE LESSART, contrôleur général..	1790.
Mai 1791.	TARBÉ, ministre des contributions publiques.........................	Mars 1792.
Mars 1792.	CLAVIÈRE, ministre des contributions publiques.......................	Juin 1792.
Juin 1792.	BEAULIEU, ministre des contributions publiques.......................	Juillet 1792.
Juillet 1792.	LEROUX DELAVILLE, ministre des contributions publiques...............	10 août 1792.
10 août 1792.	CLAVIÈRE, ministre des contributions publiques.....................	Juin 1793.
Juin 1793.	DESTOURNELLES, ministre des contributions publiques.................	1er avril 1794 (12 germ. an II).
1er avril 1794 (12 germinal an II).	Commission des finances et des revenus nationaux....................	2 oct. 1795 (10 vend. an IV).
2 oct. 1695 (10 vend. an IV).	FAYPOULT, ministre des finances.......	13 fév. 1796 (24 pluv. an IV).
14 fév. 1796 (25 pluv. an V).	RAMEL, ministre des finances.........	20 juillet 1799 (2 ther. an VII).
21 juillet 1799 (3 ther. an VII).	ROBERT LINDET, ministre des finances...	9 nov. 1799 (18 br. an VIII).

DATE DE L'ENTRÉE au ministère.	NOMS DES MINISTRES ET SECRÉTAIRES D'ÉTAT.	DATE DE LA SORTIE du ministère.
10 nov. 1799 (19 br. an VIII).	GAUDIN, duc DE GAËTE, ministre des finances........................	18 mai 1804 (28 flor. an XII).
27 sept. 1801 (5 vend. an X).	BARBÉ-MARBOIS, ministre du trésor impérial........................	26 janv. 1806 (6 pluv. an XIV).
19 mai 1804 (29 flor. an XII).	GAUDIN, duc DE GAËTE, ministre des finances........................	30 mars 1814.
27 janv. 1806.	MOLLIEN, ministre du trésor impérial...	30 mars 1814.
1er avril 1814.	Baron LOUIS, ministre des finances.....	20 mars 1815.
21 mars 1815.	GAUDIN, duc DE GAËTE, ministre des finances........................	8 juillet 1815.
21 mars 1815.	MOLLIEN, ministre du trésor..........	8 juillet 1815.
9 juillet 1815.	Baron LOUIS, ministre des finances.....	26 sept. 1815.
27 sept. 1815.	Comte CORVETTO, ministre des finances..	6 déc. 1818.
7 déc. 1818.	Comte ROY, ministre des finances......	29 déc. 1818.
30 déc. 1818.	Baron LOUIS, ministre des finances.....	19 nov. 1819.
19 nov. 1819.	Comte ROY, *idem*..................	14 déc. 1821.
14 déc. 1821.	Comte DE VILLÈLE, *idem*............	4 janv. 1828.
5 janvier 1828.	Comte ROY, *idem*..................	7 août 1829.
8 août 1829.	Comte CHABROL, *idem*..............	18 mai 1830.
19 mai 1830.	Comte DE MONTBEL, *idem*............	27 juillet 1830.
30 juillet 1830.	Baron LOUIS, commissaire provisoire...	31 juillet 1830.
1er août 1830.	Baron LOUIS, commissaire définitif.....	10 août 1830.
11 août 1830.	Baron LOUIS, ministre des finances.	
2 nov. 1830.	LAFITTE, *idem*....................	12 mars 1831.
13 mars 1831.	Baron LOUIS, *idem*.................	10 oct. 1832.

DATE DE L'ENTRÉE AU ministère.	NOMS DES MINISTRES ET SECRÉTAIRES D'ÉTAT.	DATE DE LA SORTIE du ministère.
11 oct. 1832.	Humann, ministre des finances........	9 nov. 1834.
10 nov. 1834.	Passy, *idem*........................	18 nov. 1834.
18 nov. 1834.	Humann, *idem*......................	18 janv. 1836.
18 janv. 1836	Comte d'Argout, *idem*............... L'intérim a été rempli, du 2 août au 6 septembre 1836, par M. Passy, ministre du commerce.	6 sept. 1836.
6 sept. 1836.	Duchâtel, membre de la Chambre des Députés........................	15 avril. 1837.
15 avril 1837.	Lacave-Laplagne, membre de la Chambre des Députés.................	30 mars 1839.
16 juillet 1838.	Martin (du Nord), ministre du commerce et des travaux publics, est chargé par intérim des finances; M. Lacave-Laplagne reprend la signature de son département le 11 août 1838.	
31 mars 1839.	Gautier, pair de France............	11 mai 1839.
12 mai 1839.	Passy, ministre des finances..........	29 fév. 1840.
1er mars 1840.	Pelet (de la Lozère), *idem*..........	28 oct. 1840.
29 oct. 1840.	Humann, pair de France, *idem*........	Décédé ministre le 5 avril 1842.
5 avril 1842.	Lacave-Laplagne, *idem*.	

MINISTÈRE DE L'INTÉRIEUR.

Le ministère de la maison du Roi, dont le contrôle général des finances fit partie jusqu'en 1790, prit, pour la première fois, sous M. DE SAINT-PRIEST, la dénomination de *ministère de l'intérieur*, dont l'organisation fut établie par la loi du 17 avril 1791.

DATE DE L'ENTRÉE au ministère.	NOMS DES MINISTRES ET SECRÉTAIRES D'ÉTAT.	DATE DE LA SORTIE du ministère.
7 août 1790.	GUIGNARD DE SAINT-PRIEST	24 déc. 1790.
24 déc. 1790.	MONTMORIN, ministre des affaires étrangères. (Intérim.)	25 janv. 1791.
25 janv. 1791.	DELESSART	29 nov. 1791.
29 nov. 1791.	CAHIER DE GERVILLE	23 mars 1792.
23 mars 1792.	ROLAND	13 juin 1792.
13 juin 1792.	MOURGUES	18 juin 1792.
18 juin 1792.	TERRIER-MONCIEL	21 juillet 1792.
21 juillet 1792.	CHAMPION DE VILLENEUVE	10 août 1792.
10 août 1792.	ROLAND	23 janv. 1793.
23 janv. 1793. 14 mars 1793.	GARAT, ministre de la justice. (Intérim.) Nommé	20 août 1793.
20 août 1793.	PARÉ	4 avril 1794 (15 germ. au II).
5 avril 1794 (16 germinal an II).	GOUJON, en attendant l'organisation des commissions	8 avril 1794 (19 germ. an II).
8 avril 1794 (19 germinal an II).	HERMANN, et LANNE adjoint, en attendant l'organisation des commissions	18 avril 1794 (29 germ. an II).
18 avril 1794 (29 germinal an II).	Commissions exécutives. (Voir le tableau ci-après, page 78.)	3 nov. 1795 (12 brum. an IV).
3 nov. 1795 (12 brum. an IV).	BÉNÉZECH	16 juillet 1797 (28 mes. an V).
16 juillet 1797 (28 mes. au V).	FRANÇOIS DE NEUFCHÂTEAU	14 sept. 1797 (28 fruct. au V).

DATE DE L'ENTRÉE au ministère.	NOMS DES MINISTRES ET SECRÉTAIRES D'ÉTAT.	DATE DE LA SORTIE du ministère.
14 sept. 1797 (23 fruct. an V).	LE TOURNEUX........................	18 juillet 1798 (30 mes. an VI).
17 juin 1798 (29 pr. an VI).	FRANÇOIS DE NEUFCHÂTEAU; n'a pris le portefeuille que le 19 juillet 1798 (1er thermidor an VI)............	22 juin 1799 (4 mes. an VII).
22 juin 1799 (4 mes. an VII).	QUINETTE........................	12 nov. 1799 (21 brum. an VIII).
12 nov. 1799 (21 br. an VIII).	LAPLACE........................	24 déc. 1799 (3 niv. an VIII).
25 déc. 1799 (4 niv. an VIII).	LUCIEN BONAPARTE................	6 nov. 1800 (15 brum. an IX).
6 nov. 1800 (15 br. an IX).	CHAPTAL. (Intérim.)	
21 janv. 1801 (1er pluv. an IX).	Nommé........................	8 août 1804 (20 th. an XII).
8 août 1804 (20 ther. an XII).	CHAMPAGNY; n'a pris le portefeuille que le 4 novembre 1804 (13 brumaire an XIII)......................	9 août 1807.
8 août 1804 (20 ther. an XII).	PORTALIS, ministre des cultes. (Intérim en attendant l'arrivée de M. DE CHAMPAGNY.)......................	4 nov. 1804 (13 brum. an XIII).
9 août 1807.	CRÉTET........................	1er oct. 1809.
20 juin 1809.	FOUCHÉ, ministre de la police. (Intérim pendant la maladie de M. CRÉTET et jusqu'à l'arrivée de M. DE MONTALIVET, le 12 octobre 1809.).............	12 octob. 1809.
1er octob. 1809.	Comte DE MONTALIVET.............	30 mars 1814.
3 avril 1814.	BEUGNOT, commissaire au département de l'intérieur......................	13 mai 1814.
3 avril 1814.	BENOIST, commissaire par intérim, en attendant l'arrivée de M. BEUGNOT...	6 avril 1814.
13 mai 1814.	M. l'abbé de MONTESQUIOU..........	19 mars 1815.
20 mars 1815.	Comte CARNOT..................	23 juin 1815.

DATE DE L'ENTRÉE au ministère.	NOMS DES MINISTRES ET SECRÉTAIRES D'ÉTAT.	DATE DE LA SORTIE du ministère.
20 mars 1815.	Le duc de BASSANO, ministre de la secrétairerie d'État. (Intérim en attendant l'arrivée de M. CARNOT.)...........	22 mars 1815.
23 juin 1815.	CARNOT-FEULINS, chargé provisoirement du portefeuille de l'intérieur........	9 juillet 1815.
9 juillet 1815.	Baron PASQUIER, ministre de la justice. (Intérim.).....................	25 sept. 1815.
27 sept. 1815.	Comte DE VAUBLANC................	7 mai 1816.
26 sept. 1815.	Baron DE BARANTE. (Intérim, jusqu'à l'arrivée de M. le comte DE VAUBLANC.)	29 sept. 1815.
7 mai 1816.	LAINÉ.........................	29 déc. 1816.
9 mai 1816.	BECQUEY, sous-secrétaire d'État........	17 sept. 1817.
24 sept 1817.	Le comte CHABROL, sous-secrétaire d'État.	31 déc. 1818.
29 déc. 1818.	Le comte DECAZES, nommé président du conseil le 19 novembre 1819........	21 février 1820.
21 février 1820.	Le comte SIMÉON..................	14 déc. 1821.
14 déc. 1821.	CORBIÈRE.......................	4 janvier 1828.
6 sept. 1822.	Le comte DE PEYRONNET, garde des sceaux, est chargé, par intérim, du portefeuille de l'intérieur....................	29 octob. 1822.
9 juillet 1825.	*Idem*..........................	2 août 1825.
30 août 1826.	*Idem*..........................	19 sept. 1826.
31 oct. 1827.	Le comte DE VILLÈLE, président du conseil, est chargé, par intérim, du portefeuille de l'intérieur...............	4 janvier 1828.
4 janvier 1828.	Vicomte DE MARTIGNAC.............	8 août 1829.
27 août 1828.	Le comte PORTALIS, garde des sceaux, est chargé de l'expédition des affaires de l'intérieur pendant un voyage du ministre avec le Roi; mais M. DE MARTIGNAC n'a pas cessé de contre-signer les ordonnances..................	26 sept. 1828.

DATE DE L'ENTRÉE au ministère.	NOMS DES MINISTRES ET SECRÉTAIRES D'ÉTAT.	DATE DE LA SORTIE du ministère.
8 août 1829.	Le comte de Labourdonnaye..........	18 nov. 1829.
18 nov. 1829.	Le baron Montbel..................	19 mai 1830.
19 mai 1830.	Le comte de Peyronnet..............	27 juillet 1830.
29 juillet 1830.	Baude (intérim, sous le titre de secrétaire général chargé des affaires de l'intérieur)......................	1er août 1830.
31 juillet 1830.	Casimir Périer, commissaire provisoire (n'a pas accepté).................	"
1er août / 11 août } 1830.	Guizot, commissaire, ministre........	2 nov. 1830.
2 nov. 1830.	Le comte Montalivet (Camille).......	13 mars 1831.
10 nov. 1830.	Baude, sous-secrétaire d'État.........	26 déc. 1830.
13 mars 1831.	Casimir Périer, président du conseil....	27 avril 1832.
13 avril 1832.	Barthe, garde des sceaux. (Intérim.)...	27 avril 1832.
27 avril 1832.	Comte Montalivet (Camille).........	11 oct. 1832.
11 oct. 1832.	Thiers..........................	31 déc. 1832.
31 déc. 1832.	Comte d'Argout..................	4 avril 1834.
26 août 1833.	Comte de Rigny, ministre de la marine, pendant un voyage du Roi, a contresigné plusieurs ordonnances de décorations..........................	12 sept. 1833.
4 avril 1834.	Thiers..........................	10 nov. 1834.
10 nov. 1834.	Le duc de Bassano................	18 nov. 1834.
18 nov. 1834.	Thiers..........................	22 fév. 1836.
22 fév. 1836.	De Montalivet....................	6 sept. 1836.
6 sept. 1836.	De Gasparin......................	15 avril 1837.
8 sept. 1836.	De Rémusat, sous-secrétaire d'État; démissionnaire.....................	14 avril 1837.

DATE DE L'ENTRÉE au ministère.	NOMS DES MINISTRES ET SECRÉTAIRES D'ÉTAT.	DATE DE LA SORTIE du ministère.
15 avril 1837.	De Montalivet.	
	Intérim confié à M. le comte Molé, président du conseil, du 31 août au 19 septembre 1838	30 mars 1839.
31 mars 1839.	De Gasparin	11 mai 1839.
12 mai 1839.	Duchâtel........................	29 fév. 1840.
1er mars 1840.	De Rémusat........................	28 oct. 1840.
2 mars 1840.	Léon Malleville, sous-secrétaire d'État.	3 nov. 1840.
29 oct. 1840.	Duchâtel	
4 nov. 1840.	Passy (Antoine), sous-secrétaire d'État..	
	Intérim confié à M. Villemain, ministre de l'instruction publique, du 10 septembre 1842 au	

MINISTÈRE DE LA POLICE GÉNÉRALE.

Ce ministère fut créé sous le directoire exécutif.

DATE DE L'ENTRÉE au ministère.	NOMS DES MINISTRES ET SECRÉTAIRES D'ÉTAT.	DATE DE LA SORTIE du ministère.
2 janv. 1796 (12 niv. an IV).	CAMUS (n'a pas accepté)	//
4 janv. 1796 (14 niv. an IV).	MERLIN (de Douai)................	3 avril 1796 (14 germ. an IV).
3 avril 1796 (14 germ. an IV).	COCHON........................	16 juill. 1797 (28 mess. an V).
16 juill. 1797 (28 mess. an V).	LENOIR-LAROCHE..................	26 juill. 1797 (8 therm. an V).
26 juill. 1797 (8 therm. an V).	SOTTIN.........................	13 fév. 1798 (25 pluv. an VI).
13 fév. 1798 (25 pluv. an VI).	DONDEAU.......................	16 mai 1798 (27 floréal an VI).
16 mai 1798 (27 floréal an VI).	LE CARLIER.....................	29 oct. 1798 (8 brum. an VII).
29 oct. 1798 (8 brum. an VII).	DUVAL.........................	23 juin 1799 (5 mess. an VII).
23 juin 1799 (5 mess. an VII).	BOURGUIGNON....................	20 juill. 1799 (2 therm. an VII).
20 juill. 1799 (2 therm. an VII).	FOUCHÉ........................ Du 14 septembre 1802 au 10 juillet 1804, la police générale fut une division du ministère de la justice.	15 sept. 1802 (28 fruct. an X).
10 juill. 1804 (21 mess. an XII).	FOUCHÉ, sénateur	3 juin 1810.
3 juin 1810.	Duc DE ROVIGO..................	30 mars 1814.
3 avril 1814.	ANGLÈS, commissaire. (Intérim.).......	13 mai 1814.
13 mai 1814.	BEUGNOT, directeur général, travaillant avec le Roi..................	3 déc. 1814.
3 déc. 1814.	D'ANDRÉ, directeur général, travaillant avec le Roi..................	19 mars 1815.

DATE DE L'ENTRÉE au ministère.	NOMS DES MINISTRES ET SECRÉTAIRES D'ÉTAT.	DATE DE LA SORTIE du ministère.
20 mars 1815.	Duc d'Otrante........................	23 juin 1815.
23 juin 1815.	Pelet (de la Lozère), chargé provisoirement du portefeuille..............	9 juill. 1815.
9 juill. 1815.	Duc d'Otrante........................	24 sept. 1815.
24 sept. 1815.	Comte Decazes........................	29 déc. 1818.

MINISTÈRE DES CULTES.

D'abord seul, puis réuni successivement à ceux de l'instruction publique en 1830 et de la justice en 1831.

DATE DE L'ENTRÉE au ministère.	NOMS DES MINISTRES ET SECRÉTAIRES D'ÉTAT.	DATE DE LA SORTIE du ministère.
10 juill. 1804 (21 mess. an XII).	PORTALIS	25 août 1807.
1er sept. 1807.	Ch. PORTALIS. (Intérim.)	4 janv. 1808.
4 janv. 1808.	BIGOT DE PRÉAMENEU	1er avril 1814.
1er avril 1814.	(*Direction générale du ministère de l'intérieur.*)	26 août 1824.
26 août 1824.	Comte FRAYSSINOUS. Avec le titre de *Ministre des affaires ecclésiastiques et de l'instruction publique.*	3 mars 1828.
3 mars 1828.	FEUTRIER, évêque de Beauvais. Avec le titre de *Ministre des affaires ecclésiastiques.*	8 août 1829.
8 août 1829.	Baron de MONTBEL, et grand maître de l'université.	18 nov. 1829.
	DE LA BOURDONNAYE, ministre de l'intérieur, est chargé de l'intérim jusqu'à l'arrivée de M. DE MONTBEL.	
18 nov. 1829.	GUERNON DE RANVILLE, et grand maître de l'université	27 juill. 1830.
31 juill. 1830.	GUIZOT, commissaire provisoire (n'a pas accepté)	"
3 août 1830.	Baron BIGNON, commissaire provisoire	11 août 1830.
11 août 1830.	Duc DE BROGLIE, et président du conseil d'État	2 nov. 1830.
2 nov. 1830.	MÉRILHOU, et président du conseil d'État.	27 déc. 1830.
27 déc. 1830.	BARTHE, et président du conseil d'État	13 mars 1831.
13 mars 1831.	Comte MONTALIVET (Camille)	27 avril 1832.
27 avril 1832.	BARTHE, garde des sceaux (Intérim.)	30 avril 1832.

DATE DE L'ENTRÉE au ministère.	NOMS DES MINISTRES ET SECRÉTAIRES D'ÉTAT.	DATE DE LA SORTIE du ministère.
30 avril 1832.	GIROD (de l'Ain)	11 oct. 1832.
11 oct. 1832.	BARTHE, garde des sceaux	31 déc. 1832.
1er janv. 1833.	Comte d'ARGOUT, par intérim	3 avril 1834.
4 avril 1834.	PERSIL, ministre de la justice	22 fév. 1836.
22 fév. 1836.	SAUZET, ministre de la justice	6 sept. 1836.
6 sept. 1836.	PERSIL, *idem*	14 avril 1837.
15 avril 1837.	BARTHE, *idem*	30 mars 1839.
31 mars 1839.	GIROD (de l'Ain), *idem*	11 mai 1839.
12 mai 1839.	TESTE, *idem*	29 fév. 1840.
1er mars 1840.	VIVIEN, *idem*	28 oct. 1840.
29 oct. 1840.	MARTIN (du Nord), *idem*	

MINISTÈRE DE L'AGRICULTURE
ET DU COMMERCE.

Établi d'abord sous le titre des manufactures et du commerce, puis sous celui du commerce et des travaux publics, et ensuite divisé en deux départements.

DATE DE L'ENTRÉE au ministère.	NOMS DES MINISTRES ET SECRÉTAIRES D'ÉTAT.	DATE DE LA SORTIE du ministère.
16 janv. 1812.	COLLIN DE SUSSY	30 mars 1814.
	Réuni au Ministère de l'intérieur du au	
4 janv. 1828.	Comte DE SAINT-CRICQ................	8 août 1829.
13 mars 1831.	Comte D'ARGOUT	31 déc. 1832.
20 avril 1832.	Le Comte DE MONTALIVET, ministre de l'instruction publique et des cultes, est chargé de la signature pendant la maladie de M. le comte D'ARGOUT. (L'ordonnance est du 20, mais la signature a commencé le 19.)...............	26 avril 1832.
27 avril 1832.	*Idem*, comme ministre de l'intérieur....	28 mai 1832.
31 déc. 1832.	THIERS..........................	4 avril 1834.
27 août 1833.	Comte D'ARGOUT, ministre de l'intérieur; intérim pendant un voyage de M. THIERS avec le Roi et en Angleterre. (M. THIERS a signé jusqu'au 29 août.)..........	18 sept. 1833.
4 avril 1834.	DUCHÂTEL	10 nov. 1834.
10 nov. 1834.	TESTE	18 nov. 1834.
18 nov. 1834.	DUCHÂTEL	21 févr. 1836.
22 févr. 1836.	PASSY............................	5 sept. 1836.
6 sept. 1836.	DUCHÂTEL, ministre des finances, est chargé de l'intérim..............	19 sept. 1836.

DATE DE L'ENTRÉE au ministère.	NOMS DES MINISTRES ET SECRÉTAIRES D'ÉTAT.	DATE DE LA SORTIE du ministère.
19 sept. 1836.	MARTIN (du Nord), ministre des travaux publics, de l'agriculture et du commerce; malade, n'a pas pu prendre le portefeuille [1].	
Idem.	DUCHÂTEL, ministre par intérim.......	15 oct. 1836.
16 oct. 1836.	L'intérim cesse; M. MARTIN (du Nord) reprend la signature de son département........................	30 juillet 1837.
31 juillet 1837.	Intérim par M. MOLÉ, président du conseil........................	17 août 1837.
18 août 1837.	M. MARTIN reprend le portefeuille.....	30 mars 1839.
31 mars 1839.	GASPARIN, ministre de l'intérieur, est chargé de l'intérim..............	11 mai 1839.
12 mai 1839.	CUNIN-GRIDAINE, ministre du commerce seulement......................	29 févr. 1840.
1er mars 1840.	GOUIN........................	28 oct. 1840.
29 oct. 1840.	CUNIN-GRIDAINE..................	
28 juin 1841.	DUCHÂTEL, intérim jusqu'au..........	7 août 1841.
7 août 1841.	CUNIN-GRIDAINE reprend la signature....	

[1] Les attributions du ministre du commerce restent telles qu'elles sont déterminées par l'ordonnance du 6 avril 1834; mais les lois de douanes sont présentées par le ministre des finances. Ordonnance du 15 avril 1837 qui rend au ministre des travaux publics la présentation des lois de douanes.

MINISTÈRE DE LA MAISON DU ROI.

Le ministre de la maison du Roi, le troisième des secrétaires d'État, avait autrefois en grande partie les attributions données maintenant au ministre de l'intérieur; il avait dans son département : la maison du Roi, le clergé, les affaires générales de la religion prétendue réformée, la feuille des bénéfices, les économats, les dons et brevets, autres que ceux des officiers de guerre ou des étrangers.

Il avait dans son département : la ville et la généralité de Paris, le Languedoc, la généralité de Montauban, les provinces de Provence, Bourgogne, Bresse, Bugey, Valromey et Gex, Bretagne, Foix, Navarre, Béarn, Bigorre et Nebouzan, Picardie et Boulonnais; la généralité de Tours, l'Auvergne avec le Bourbonnais, le Nivernais et la Haute-Marche, Limoges avec l'Angoumois et la Basse-Marche, Soissons, Orléans avec la partie du Perche qui en dépend, le Poitou, la Rochelle avec la Saintonge, le pays d'Aunis, Brouage, les îles de Ré et d'Oléron, la Guyenne, la Normandie et une partie du Perche, la Champagne et une partie de la Brie, la principauté de Dombes; le Berry.

DATE DE L'ENTRÉE au ministère.	NOMS DES MINISTRES ET SECRÉTAIRES D'ÉTAT.	DATE DE LA SORTIE du ministère.
1589.	Martin RUZÉ DE BAULIEU.	1610.
1610.	Antoine DE LOMÉNIE DE LA VILLE-AUX-CLERCS.	1638.
1638.	H.-A. DE LOMÉNIE DE BRIENNE.	1643.
1643.	Comte DE MONTBRISON.	1668.
	En 1661, après la disgrâce de Foucquet, la charge de surintendant des finances étant supprimée, le contrôle général des finances passa sous la dépendance du ministère de ce département.	
1668.	COLBERT	6 sept. 1683.
6 sept. 1683.	Marquis DE SEIGNELAY.	3 nov. 1690.
5 nov. 1690.	Louis PHELIPPEAUX, comte DE PONTCHARTRAIN.	1693.
1693.	J. PHELIPPEAUX, comte DE PONTCHARTRAIN.	1715.
1715.	Marquis DE LA VRILLIÈRE, exerçant pour le comte DE MAUREPAS.	1718.
1718	Comte DE MAUREPAS.	1749.

DATE DE L'ENTRÉE au ministère.	NOMS DES MINISTRES ET SECRÉTAIRES D'ÉTAT.	DATE DE LA SORTIE du ministère.
1749.	Comte SAINT-FLORENTIN, duc DE LA VRILLIÈRE	1775.
1775.	LAMOIGNON DE MALESHERBES	1776.
1776.	AMELOT DE CHAILLOU	1783.
1783.	Baron DE BRETEUIL	27 juillet 1788.
27 juillet 1788.	Laurent DE VILLEDEUIL	1789.
Août 1789.	Comte DE SAINT-PRIEST	26 janv. 1791.
	Le 17 avril 1791, le ministère de la maison du Roi prend le titre de ministère de l'intérieur, mais il a d'autres bases. L'administration de la maison du Roi est confiée à un intendant de la liste civile, M. Delaporte. Le reste des attributions passe au ministère de l'intérieur. En 1814, le titre de ministre de la maison du Roi fut rétabli, mais en gardant seulement les attributions de l'intendant de la liste civile.	
25 mai 1814.	BLACAS D'AULPS, ministre	19 mars 1815.
21 mars 1815.	Le comte DE MONTALIVET, intendant général	7 juillet 1815.
9 juillet 1815.	Le duc DE RICHELIEU, ministre, n'a pas accepté	//
15 sept. 1815.	Le comte DE PRADEL, directeur général, ayant portefeuille	1er nov. 1820.
1er nov. 1820.	Le marquis DE LAURISTON, ministre	4 août 1824.
4 août 1824.	Le duc DE DOUDEAUVILLE, ministre	2 mai 1827.
Intérim 2 mai 1827. Nommé 23 dudit.	Baron DE LA BOUILLERIE, intendant général	31 juillet 1830.
	INTENDANTS. (N'ayant pas entrée au Conseil.)	
5 nov. 1830.	DELAÎTRE, administrateur provisoire	2 mars 1832.
2 mars 1832.	Baron FAIN (A.-J.-F.), chargé, par intérim, des fonctions d'intendant général, administrateur de la liste civile	11 oct. 1832.
11 oct. 1832.	Comte DE MONTALIVET (Camille), intendant général, administrateur de la liste civile	23 févr. 1836.

DATE DE L'ENTRÉE au ministère.	NOMS DES MINISTRES ET SECRÉTAIRES D'ÉTAT.	DATE DE LA SORTIE du ministère.
23 févr. 1836.	Baron FAIN, premier secrétaire du cabinet du Roi.	6 sept. 1836.
6 sept. 1836, la signature le 15 *id.*	MONTALIVET; M. le baron FAIN chargé de l'intérim.	14 sept. 1836.
	DE BONDY.	30 mars 1839.
31 mars 1839.	DE MONTALIVET, intendant général.	
	(DE BONDY, intendant honoraire).	

MINISTÈRE DE L'INSTRUCTION PUBLIQUE.

Une loi du 17 mai 1806 forme une Université impériale et détermine les obligations particulières aux membres du corps enseignant. Un décret du 17 mars 1808 organise l'Université; M. de Fontanes est nommé grand maître le même jour. Le 15 août 1815, création d'une commission de l'instruction publique composée d'abord de MM. Royer-Collard, président; Cuvier, Silvestre de Sacy, Frayssinous, Guéneau de Mussy. La commission est renouvelée partiellement chaque année, et les affaires de l'instruction publique font partie des attributions du ministère de l'intérieur jusqu'au 26 août 1824; alors elles ont passé dans celles du ministère des affaires ecclésiastiques, dont elles ont été séparées pour former un nouveau ministère le 10 février 1828.

DATE DE L'ENTRÉE au ministère.	NOMS DES MINISTRES ET SECRÉTAIRES D'ÉTAT.	DATE DE LA SORTIE du ministère.
10 févr. 1828.	DE VATIMESNIL	8 août 1829.
18 nov. 1829.	GUERNON DE RANVILLE	26 juillet 1830.
3 août 1830.	Baron BIGNON, commissaire provisoire	10 août 1830.
11 août 1830.	Duc DE BROGLIE	8 nov. 1830.
9 nov. 1830.	MÉRILHOU	26 déc. 1830.
27 déc. 1830.	BARTHE	12 mars 1831.
13 mars 1831.	Comte DE MONTALIVET	29 avril 1832.
30 avril 1832.	GIROD (de l'Ain)	10 oct. 1832.
11 oct. 1832.	GUIZOT	10 nov. 1834.
10 nov. 1834.	TESTE, ministre du commerce. (Intérim.).	18 nov. 1834.
18 nov. 1834.	GUIZOT	22 févr. 1836.
22 févr. 1836.	PELET (de la Lozère)	6 sept. 1836.
6 sept. 1836.	GUIZOT	15 avril 1837.
15 avril 1837.	DE SALVANDY	30 mars 1839.
31 mars 1839.	PARANT	11 mai 1839.
12 mai 1839.	VILLEMAIN	29 févr. 1840.
1er mars 1840.	COUSIN	28 oct. 1840.
29 oct. 1840.	VILLEMAIN	

MINISTÈRE DES TRAVAUX PUBLICS.

DATE DE L'ENTRÉE au ministère.	NOMS DES MINISTRES ET SECRÉTAIRES D'ÉTAT.	DATE DE LA SORTIE du ministère.
19 mai 1830.	Baron CAPELLE	27 juillet 1830.
19 sept. 1836.	Ministère réuni à celui du commerce....	12 mai 1839.
12 mai 1839.	Ce ministère est rétabli.	
	DUFAURE, ministre des travaux publics..	29 fév. 1840.
1er mars 1840.	Comte JAUBERT	28 oct. 1840.
29 oct. 1840.	TESTE..........................	16 déc. 1843.
16 déc. 1843.	DUMON..........................	

NOMS ET DURÉE DES FONCTIONS

DES PRÉSIDENTS DE LA CONVENTION NATIONALE, DES MEMBRES DU COMITÉ DE SALUT PUBLIC, DU DIRECTOIRE ET DU CONSULAT QUI ONT EXERCÉ LE POUVOIR EXÉCUTIF DEPUIS LE 21 SEPTEMBRE 1792 JUSQU'AU 17 MAI 1804.

Les présidents de la Convention nationale, les membres du Comité de salut public, les directeurs et les consuls, sont les divers personnages qui ont exercé le pouvoir exécutif depuis le mois de septembre 1792 jusqu'au mois de mai 1804, époque de l'établissement du gouvernement impérial. La Convention avait concentré dans sa main puissante tous les pouvoirs, qui, dans les gouvernements mieux constitués, sont confiés à des autorités distinctes. Mais comme un corps compact de sept cent cinquante membres n'aurait pu les exercer par lui-même, il les avait délégués à un Comité de salut public, créé par la loi du 18 mars 1793, organisé par celle du 6 avril suivant. Ce comité délibérait en secret; il était chargé de surveiller et d'accélérer l'action de l'administration confiée au conseil exécutif provisoire (les ministres), dont il pouvait même suspendre les arrêtés, lorsqu'il les croyait contraires à l'intérêt national, à la charge d'en informer sans délai la Convention. Il était autorisé à prendre, dans les circonstances urgentes, des mesures de défense générale extérieure et intérieure; et ses arrêtés, signés de la majorité de ses membres délibérants, qui ne pouvaient être au-dessous des deux tiers, étaient exécutés sans délai par le conseil exécutif. A ce comité était donc confiée la direction suprême des grandes affaires du pays. Quel que soit le jugement que l'on porte sur ses actes, les noms de ses membres sont devenus historiques et doivent figurer parmi ceux des hommes qui ont été appelés à gouverner la France.

Nous ferons précéder les noms des membres du Comité de salut public de ceux des présidents de la Convention, parce que eux aussi exerçaient une partie de la puissance exécutive. Ils personnifiaient la pensée politique du grand corps à la tête duquel ils étaient momentanément placés; ils recevaient les ambassadeurs, etc.

Les directeurs et les consuls, dans les temps où l'organisation sociale était devenue plus régulière, exerçaient directement le pouvoir exécutif, avec les ministres placés sous leurs ordres.

PRÉSIDENTS
DE LA CONVENTION NATIONALE.

1792.

Pétion, du 21 septembre au 5 octobre.
J.-P. Lacroix, du 5 au 19 octobre.
Guadet, du 19 octobre au 1er novembre.
Hérault de Séchelles, du 1er au 16 novembre.
Grégoire, du 16 au 30 novembre.
Barrère, du 30 novembre au 14 décembre.
Defermon, du 14 au 28 décembre.
Treilhard, du 28 décembre 1792 au 11 janvier 1793.

1793.

Vergniaud, du 11 au 24 janvier.
Rabaut-Saint-Étienne, du 24 janvier au 9 février.
Bréard, du 9 au 22 février.
Dubois Crancé, de 22 février au 8 mars.
Gensonné, du 8 au 24 mars.
Jean-Debry, du 24 mars au 5 avril.
Delmas, du 5 au 18 avril.
Lasource, du 18 avril au 2 mai.
Boyer-Fonfrède, du 2 au 17 mai.
Isnard, du 17 au 30 mai.
Mallarmé, du 30 mai au 14 juin.
Collot-d'Herbois, du 14 au 28 juin.
Thuriot, du 28 juin au 12 juillet.
Jean-Bon-Saint-André, du 12 au 26 juillet.
Danton, du 26 juillet au 9 août.
Hérault de Séchelles, du 9 au 23 août.
Robespierre, du 23 août au 6 septembre.
Billaud-Varennes, du 6 au 17 septembre.

CAMBON, du 19 septembre au 4 octobre.
CHARLIER, du 4 au 23 octobre.
BAYLE, du 23 octobre au 7 novembre.
LALOI, du 7 au 22 novembre.
ROMME, du 22 novembre au 7 décembre.
VOULAND, du 7 au 22 décembre.
COUTHON, du 22 décembre au 6 janvier 1794.

1794.

DAVID, du 17 nivôse au 2 pluviôse an II.
VADIER, du 2 au 17 pluviôse.
DUBARRAN, du 17 pluviôse au 2 ventôse.
SAINT-JUST, du 2 au 17 ventôse.
RUHL, du 17 ventôse au 2 germinal.
TALLIEN, du 2 au 18 germinal.
AMAR, du 18 germinal au 2 floréal.
ROBERT LINDET, du 2 au 18 floréal.
CARNOT, du 18 floréal au 2 prairial.
PRIEUR (de la Côte-d'Or), du 2 au 18 prairial.
ROBESPIERRE, du 18 prairial au 2 messidor.
ÉLIE LACOSTE, du 2 au 18 messidor.
LOUIS (du Bas-Rhin), du 18 messidor au 2 thermidor.
COLLOT-D'HERBOIS, du 2 au 17 thermidor.
MERLIN (de Douai), du 17 thermidor au 2 fructidor.
MERLIN (de Thionville), du 2 au 17 fructidor.
BERNARD (de Saintes), du 17 fructidor au 2 vendémiaire an III.
ANDRÉ DUMONT, du 2 au 17 vendémiaire.
CAMBACÉRÈS, du 17 vendémiaire au 2 brumaire.
PRIEUR (de la Marne), du 2 au 17 brumaire.
LEGENDRE, du 17 brumaire au 4 frimaire.
CLAUZEL, du 4 au 17 frimaire.
REWBELL, du 17 frimaire au 2 nivôse.

1795.

BENTABOLE, du 2 au 20 nivôse (9 janvier 1795).

LETOURNEUR, du 20 nivôse au 2 pluviôse.
ROVÈRE, du 2 au 17 pluviôse.
BARRAS, du 17 pluviôse au 2 ventôse.
BOURDON (de l'Oise), du 2 au 17 ventôse.
THIBAUDEAU, du 17 ventôse au 5 germinal.
PELET (de la Lozère), du 5 au 17 germinal.
BOISSY-D'ANGLAS, du 17 germinal au 2 floréal.
SIEYÈS, du 2 au 17 floréal.
VERNIER, du 17 floréal au 7 prairial.
MATHIEU, du 7 au 17 prairial.
LANJUINAIS, du 17 prairial au 2 messidor.
LOUVET, du 2 au 17 messidor.
DOULCET DE PONTÉCOULANT, du 17 messidor au 2 thermidor.
LAREVELLIÈRE-LÉPEAUX, du 2 au 17 thermidor.
DAUNOU, du 17 thermidor au 2 fructidor.
HENRI LARIVIÈRE, du 2 au 17 fructidor.
BERLIER, du 17 fructidor au 2 vendémiaire an IV.
BAUDIN (des Ardennes), du 2 au 17 vendémiaire.
GÉNISSIEUX, du 17 vendémiaire au 4 brumaire, dernier jour de la Convention (26 octobre 1795).

TABLEAU
DES MEMBRES DU COMITÉ DE SALUT PUBLIC.

COMITÉ DE DÉFENSE GÉNÉRALE ET DE SALUT PUBLIC, OU COMMISSION DE SALUT PUBLIC.

1793.

26 mars.

DUBOIS-CRANCÉ.
PÉTION.
GENSONNÉ.
GUYTON-MORVEAU.
ROBESPIERRE aîné.
BARBAROUX.

Ruhl.
Vergniaud.
Fabre-d'Églantine.
Buzot.
Delmas.
Guadet.
Condorcet.
Bréard.
Camus.
Prieur (de la Marne).
Camille Desmoulins.
Barrère.
Quinette.
Cambacérès.
Jean Debry.
Danton.
Sieyès.
Lasource.
Isnard.

COMITÉ DE SALUT PUBLIC.

6 avril.

Barrère.
Delmas.
Bréard.
Cambon.
Danton.
Jean Debry.
Guyton-Morveau.
Treilhard.
Lacroix (d'Eure-et-Loir).

7 avril.

Robert Lindet, remplaçant *Jean Debry*, démissionnaire.

11 mai.

Les mêmes.

30 mai.

Hérault de Séchelles, Ramel, Saint-Just, Mathieu et Couthon sont adjoints au comité.

12 juin.

Les mêmes. Gasparin et Jean-Bon-Saint-André remplacent *Treilhard* et *Robert Lindet*, démissionnaires.

4 juillet.

Robert Lindet, Duroy, Francastel et Lacroix (de la Marne) sont adjoints au comité.

10 juillet.

Jean-Bon-Saint-André.
Barrère.
Gasparin.
Couthon.
Hérault de Séchelles.
Thuriot.
Prieur (de la Marne).
Saint-Just.
Robert Lindet (1).

27 juillet.

Robespierre remplaçant *Gasparin*, démissionnaire.

13 août.

Les mêmes.

14 août.

Carnot et Prieur (de la Côte-d'Or) sont adjoints au comité.

6 septembre.

Billaud-Varennes, Collot-d'Herbois, Danton et Granet sont adjoints au comité.

Danton refuse; *Granet* donne sa démission et demande son remplacement. L'assemblée passe à l'ordre du jour, et *Granet* persévère dans son refus.

(1) Le comité, composé le 10 juillet 1793 des neuf membres que nous venons d'indiquer, a fonctionné jusqu'à la fin de juillet 1794, et n'a reçu que des modifications partielles pour cause de remplacements ou d'adjonctions. Bien que le nombre des membres, fixé d'abord à neuf, se soit bientôt élevé à plus de dix, certains historiens ont donné à ce comité le nom de *décemvirat*, et d'autres celui de *grand comité de salut public*. Les affaires étaient ainsi réparties entre les membres de ce comité: Billaud-Varennes et Collot-d'Herbois, correspondance avec les départements; Saint-Just, les institutions et les lois constitutionnelles; Robespierre, étude des questions générales et direction morale de l'esprit public; Couthon, police générale (avec Robespierrre et Saint-Just); Hérault de Séchelles, relations extérieures; Jean-Bon-Saint-André, la marine; Robert Lindet et Prieur (de la Marne), les finances et les cultes; Prieur (de la Côte-d'Or) et Carnot, la guerre; Barrère, après la mort de Hérault de Séchelles, les relations extérieures. Barrère était aussi chargé de faire les rapports au nom du comité à la Convention.

11 septembre.

Le comité est prorogé pour un mois. A la fin du mois, *Thuriot* donne sa démission et le comité reste composé des membres suivants :

JEAN-BON-SAINT-ANDRÉ.
BARRÈRE.
HÉRAULT DE SÉCHELLES.
PRIEUR (de la Marne).
SAINT-JUST.
ROBERT LINDET.
ROBESPIERRE.
PRIEUR (de la Côte-d'Or)
CARNOT.
BILLAUD-VARENNES.
COLLOT-D'HERBOIS.

25 septembre.

BRIEZ est adjoint par un décret rapporté le même jour.

11 octobre (20 vendémiaire).

LES MÊMES.

12 novembre (22 brumaire).

LES MÊMES.

13 décembre (23 frimaire).

LES MÊMES.

1794.

10 janvier (21 nivôse).

LES MÊMES.

10 février (22 pluviôse).

LES MÊMES.

12 mars (22 ventôse).

LES MÊMES.

3 avril (14 germinal).

Hérault de Séchelles, mort, n'est pas remplacé.

Le comité, toujours de onze membres, n'en comptait que neuf en réalité; *Jean-Bon-Saint-André* et *Prieur* (de la Marne), en mission, ne rentrèrent qu'après le 9 thermidor.

11 avril (22 germinal).

LES MÊMES.

11 mai (22 floréal).

LES MÊMES.

10 juin (22 prairial).

LES MÊMES.

10 juillet (22 messidor).

LES MÊMES.

28 juillet (10 thermidor).

Robespierre, *Saint-Just* et *Couthon* meurent.

31 juillet (13 thermidor).

Jean-Bon-Saint-André et *Prieur* (de la Marne), considérés comme démissionnaires, en vertu d'une décision du 11 thermidor, six nouveaux membres viennent compléter le comité; ce sont:

LALOI.
ESCHASSERIAUX.
BRÉARD.
THURIOT.
TREILHARD.
TALLIEN.

1er *septembre* (15 fructidor).

Billaut-Varennes et *Collot-d'Herbois* donnent leur démission. Le comité est ainsi composé :

FOURCROY.
COCHON.
DELMAS.
MERLIN (de Douai).
ESCHASSERIAUX aîné.
BRÉARD.
LALOI.
THURIOT.
TREILHARD.
PRIEUR (de la Côte-d'Or).
CARNOT.
ROBERT LINDET.

6 *octobre* (15 vendémiaire an III.)

PRIEUR (de la Marne).
GUYTON-MORVEAU.
RICHARD.
FOURCROY.
COCHON.
DELMAS.
MERLIN (de Douai).
ESCHASSERIAUX aîné.
BRÉARD.
LALOI.
THURIOT.
TREILHARD.

5 *novembre* (15 brumaire).

CAMBACÉRÈS.
PELET (de la Lozère).
CARNOT.
PRIEUR (de la Marne).
GUYTON-MORVEAU.
RICHARD.
FOURCROY.
COCHON.
DELMAS.
MERLIN (de Douai).
BRÉARD.
THURIOT.

5 *décembre* (15 frimaire).

BOISSY-D'ANGLAS.
ANDRÉ DUMONT.
DUBOIS-CRANCÉ.
CAMBACÉRÈS.
RICHARD.
FOURCROY.
PELET (de la Lozère).
CARNOT.
PRIEUR (de la Marne).
GUYTON-MORVEAU.
DELMAS.
MERLIN (de Douai).

1795.

5 janvier (16 nivôse).

Bréard.
Marec.
Chazal.
Boissy-d'Anglas.
André Dumont.
Dubois-Crancé.
Cambacérès.
Pelet (de la Lozère).
Carnot.
Prieur (de la Marne).
Guyton-Morveau.
Richard.

3 février (15 pluviôse).

Merlin (de Douai).
Fourcroy.
Lacombe (Saint-Michel).
Bréard.
Marec.
Chazal.
Boissy-d'Anglas.
André Dumont.
Dubois-Crancé.
Cambacérès.
Pelet (de la Lozère).
Carnot.

5 mars (15 ventôse).

Sieyès.
Laporte.
Rewbell.
Merlin (de Douai).
Fourcroy.
Lacombe (Saint-Michel).
Bréard.
Marec.
Chazal.
Boissy-d'Anglas.
André Dumont.
Dubois-Crancé.

4 avril (15 germinal)[1].

Cambacérès.
Aubry.
Tallien.
Lesage (d'Eure-et-Loir).

[1] Le 14 germinal an III, Boissy-d'Anglas avait fait décréter que le nombre des membres du comité de salut public serait porté de douze à seize. Carnot resta chargé des affaires de la guerre; Marec, Defermon et Daunou eurent successivement la direction des affaires de la marine; Merlin (de Douai) eut dans son ressort tout ce qui concernait la législation; Boissy-d'Anglas, la diplomatie et les subsistances; Larevellière-Lépeaux, la morale et la pacification des provinces de l'Ouest. Les élections avaient lieu par quart, tous les mois.

Creuzé-Latouche.
Gillet.
Roux (de la Haute-Marne).
Sieyès.
Laporte.
Rewbell.
Merlin (de Douai).
Fourcroy.
Lacombe (Saint-Michel).
Bréard.
Marec.
Chazal.

4 mai (15 floréal).

Treilhard.
Defermon.
Vernier.
Rabaut-Pomier.
Doulcet de Pontécoulant.
Cambacérès.
Aubry.
Tallien.
Gillet.
Roux (de la Haute-Marne).
Sieyès.
Laporte.
Rewbell.
Merlin (de Douai).
Fourcroy.
Lacombe (Saint-Michel).

5 juin (15 prairial).

Marec.
Gamon.
Henri Larivière.
Blad.
Treilhard.
Defermon.
Vernier.
Rabaut-Pomier.
Doulcet de Pontécoulant.
Cambacérès.
Aubry.
Tallien
Gillet.
Roux (de la Haute-Marne).
Sieyès.
Rewbell.

3 juillet (15 messidor).

Boissy-d'Anglas.
Louvet.
Jean Debry.
Lesage (d'Eure-et-Loir).
Marec.
Gamon.
Henri Larivière.
Blad.
Treilhard.
Defermon.
Vernier.
Rabaut-Pomier.
Doulcet de Pontécoulant.
Cambacérès.
Aubry.
Tallien.

2 août (15 thermidor).

MERLIN (de Douai).
LETOURNEUR (de la Manche).
SIEYÈS.
REWBELL.
BOISSY-D'ANGLAS.
HENRI LARIVIÈRE.
BLAD.
DEFERMON.
LOUVET.
JEAN DEBRY.
LESAGE (d'Eure-et-Loir).
MAREC.
GAMON.
VERNIER.
RABAUT-POMIER.
DOULCET DE PONTÉCOULANT.

1er septembre (15 fructidor).

LAREVELLIÈRE-LÉPEAUX.
CAMBACÉRÈS.
DAUNOU.
BERLIER.
MERLIN (de Douai).
LETOURNEUR (de la Manche).
SIEYÈS.
REWBELL.
BOISSY-D'ANGLAS.
LOUVET.
JEAN DEBRY.
LESAGE (d'Eure-et-Loir).
MAREC.
GAMON.
HENRI LARIVIÈRE.
BLAD.

6 octobre (15 vendémiaire an IV).

CHÉNIER.
ESCHASSERIAUX aîné.
GOURDAN.
THIBAUDEAU.
LAREVELLIÈRE-LÉPEAUX.
CAMBACÉRÈS.
DAUNOU.
BERLIER.
MERLIN (de Douai).
LETOURNEUR (de la Manche).
SIEYÈS.
REWBELL.
BOISSY-D'ANGLAS.
LOUVET.
JEAN DEBRY.
LESAGE (d'Eure-et-Loir).

TABLEAU DES DOUZE C

Créées par le décret du 1er avril 1794 (12 germinal an II) e

NOMS DES COMMISSIONS.	NOMS DES COMMISSAIRES.	NOMS DES ADJOINTS.
1re. Des administrations civiles, police et tribunaux.	Herman................	Lanne..............
	Aumont.. } provisoires..... Mourre. }	....
2e. De l'instruction publique.	Payan.................	Julien............. Fourcade...........
	Garat.................	Ginguené........... Clément de Ris......
	Ginguené..............	Noël............... Suppression des deux places d'adjoints.
3e. De l'agriculture et des arts.	Brunet................ Gateau................	L'Huillier..........
	Bertholet.............	....
	Laugier, intérim........	Tissot, intérim......
	L'Héritier.............	L'Héritier.......... .... Dubois (Jean-Baptiste).
4e. Du commerce et des approvisionnements.	Johannot.............. Picquet...............	Pontonnier..........
Le nombre des commissaires est porté à cinq......................	Magin................. Le Guillier............ Monneron (Louis).......	....
Prend le nom des approvisionnements, et n'est plus composée que de trois commissaires................	Lepayen............... Mottet................ Combes................	....
Suppression de la commission. Sa réunion à celles du mouvement des armées et de la marine...............	....	....
5e. Des travaux publics.	Le Camus.............. Fleuriot..............	Dupin..............
	Rondelet..............	....

COMMISSIONS EXÉCUTIVES

et supprimées par la loi du 2 octobre 1795 (10 vendémiaire an IV).

DATES DES NOMINATIONS ET DES CHANGEMENTS dans LES ATTRIBUTIONS DES COMMISSIONS.		OBSERVATIONS.
Décret du 18 avril 1794.	29 germinal an II.	
....		
Décret du 18 avril 1794.	29 germinal an II.	
Décret du 19 mai 1794.	30 floréal an II.	
Loi du 12 septembre 1794.	26 fructidor an II.	
Décret du 21 février 1795.	3 ventôse an III.	
Loi du 19 août 1795.	2 fructidor an III.	
Décret du 18 avril 1794.	29 germinal an II.	
Loi du 19 septembre 1794.	3ᵉ complémentaire an II.	
....		
Loi du 16 novembre 1794.	26 brumaire an III.	
Loi du 19 novembre 1794.	29 brumaire an III.	
Loi du 11 avril 1795.	22 germinal an III.	
Décret du 18 avril 1794.	29 germinal an II.	
Loi du 5 octobre 1794.	14 vendémiaire an III.	
Loi du 6 janvier 1795.	17 nivôse an III.	
Loi du 1ᵉʳ septembre 1795.	15 fructidor an III.	
Décret du 18 avril 1794.	29 germinal an II.	
Décret du 19 mai 1794.	30 floréal an II.	

NOMS DES COMMISSIONS.	NOMS DES COMMISSAIRES.	NOMS DES ADJOINTS.
6°. Des secours publics.	LE REBOURG............	
	DAILLET...............	....
		ROLLAND ....
	MARTIGUES...............	
	DEGONIAU..............	HAVET...............
La place d'adjoint est supprimée.	....	....
7°. Des transports, postes et messageries.	MOREAU	MERCIER............
	LIEUVAIN................	
		MATHON..............
Suppression de la commission. Sa réunion à celle du mouvement des armées....................	....	....
8°. Des finances ou des revenus nationaux.	LAUMONT................	....
	VANIÉVILLE..............	ROCHET ....
	BOSCHET................	....
	POUSSIELGUE............	....
9°. De l'organisation du mouvement de l'armée de terre.	PILLE, provisoire..........	....
	PILLE	BOULAI..............
	LA SAULSAYE	....
10°. De la marine et des colonies.	DALBARADE..............	DAVID ....
	REDON..................	....
11°. Des armes, poudres et exploitation des mines.	CAPON..................	*
	BÉNÉZECH	....
		CAMPAGNE............
Suppression de la commission. Sa réunion à celles des revenus nationaux, des travaux publics et de la guerre. .	....	....
12°. Des relations extérieures.	BUCHOT..................	....
	MANGOURIT..............	....
	MIOT....................	....
	COLCHEN................	....

DATES DES NOMINATIONS ET DES CHANGEMENTS dans LES ATTRIBUTIONS DES COMMISSIONS.		OBSERVATIONS.
Décret du 18 avril 1794.	29 germinal an II.	
Décret du 19 mai 1794.	30 floréal an II.	
Loi du 6 novembre 1794.	16 brumaire an II.	
Décret du 7 août 1795.	20 thermidor an III.	
Décret du 18 avril 1794.	29 germinal an II.	
Décret du 19 mai 1794.	30 floréal an II.	
Loi du 30 mai 1795.	11 prairial an III.	
Décret du 18 avril 1794.	29 germinal an II.	
Décret du 19 mai 1794.	30 floréal an II.	
Loi du 30 mai 1795.	11 prairial an III.	
Loi du 24 juillet 1795.	6 thermidor an III.	
Décret du 18 avril 1794.	29 germinal an II.	
Décret du 19 mai 1794.	30 floréal an II.	
Loi du 30 mai 1795.	11 prairial an III.	
Décret du 18 avril 1704.	29 germinal an II.	
Loi du 2 juillet 1795.	14 messidor an III.	
Décret du 18 avril 1794.	29 germinal an II.	
Décret du 19 mai 1794.	30 floréal an II.	
Loi du 4 septembre 1795.	18 fructidor an III.	
Décret du 18 avril 1794.	29 germinal an II.	
Loi du 3 novembre 1794.	13 brumaire an III.	
Loi du 8 novembre 1794.	18 brumaire an III.	
Loi du 4 mars 1795.	14 ventôse an III.	

DIRECTEURS.

Barras, du 9 brumaire an iv jusqu'à la suppression du Directoire.

Rewbell, du même jour jusqu'au 20 floréal an vii; remplacé par *Sieyès*.

Larevellière-Lépeaux, du même jour jusqu'au 30 prairial an vii; démissionnaire, remplacé par *Moulins*.

Letourneur (de la Manche), du même jour jusqu'au renouvellement de l'an v; remplacé par *Barthélemy*.

Carnot, du 13 brumaire an iv jusqu'au 18 fructidor an v; proscrit, puis remplacé par *François de Neufchâteau*.

Barthélemy, de prairial an v jusqu'au 18 fructidor de la même année; proscrit, puis remplacé par *Merlin* (de Douai).

Merlin (de Douai), de fructidor an v jusqu'au 28 prairial an vii; démissionnaire, remplacé par *Roger-Ducos*.

François de Neufchâteau, de fructidor an v jusqu'au renouvellement de l'an vi; remplacé par *Treilhard*.

Treilhard, du 26 floréal an vi jusqu'au 28 prairial an vii; sorti pour inconstitutionnalité dans son élection; remplacé par *Gohier*.

Sieyès, du 27 floréal an vii jusqu'à la chute du Directoire, le 19 brumaire an viii.

Gohier, Roger-Ducos, Moulins, de prairial an vii jusqu'à la chute du Directoire, 19 brumaire an viii.

CONSULS PROVISOIRES

Du 19 brumaire au 22 frimaire an viii (10 novembre au 13 décembre 1799).

Sieyès, Roger-Ducos, Bonaparte.

CONSULS DÉFINITIFS.

Du 22 frimaire an VIII au 28 floréal an XII (10 novembre 1799 au 18 mai 1804).

BONAPARTE, 1er consul.

CAMBACÉRÈS, 2e consul.

LEBRUN, 3e consul.

www.ingramcontent.com/pod-product-compliance
Lightning Source LLC
LaVergne TN
LVHW020436230826
846091LV00004B/1519
9782016113202